고고학으로 이해하는 장수의 역사와 문화

곽장근 지음

고고학으로 이해하는 장수의 역사와 문화

곽장근 지음

서 경

책머리에

　전북의 동부 산악지대에 위치한 '진안고원'에서도 가장 높은 지대를 이루는 곳이 장수이다. 소백산맥의 준령과 지류에 우뚝 솟은 고봉들이 사방을 장벽처럼 감싸고 있어 분지로서의 빼어난 자연환경을 갖추고 있다. 동시에 금강과 섬진강이 북쪽과 남쪽으로 흘러가면서 그 주변에 들판과 구릉지대가 넓게 펼쳐져 일찍부터 사람들이 터전을 잡고 살아가는데 적지 않은 도움을 주었다. 그리하여 역사적으로 훌륭한 인물이 많이 배출되어, 예부터 삼절의 고장으로도 널리 알려졌다. 다름 아닌 진주 촉석루에서 왜장을 끌어안고 의절한 의암 주논개, 임진왜란 때 장수향교를 지켜낸 정경손과 무명충리가 바로 장수에서 배출되었다는 데에서 기인한다.

　영호남의 중요한 교류의 관문지로서 막중한 역할을 담당해 온 육십령도 장수에 자리한다. 삼국시대 때 산이 깊고 숲이 울창해서 도둑떼가 들끓어 육십명이 모여서 넘어야 안전했다고 해서 이름이 붙여진 곳이 육십령이다. 남원의 여원치와 팔령치, 무주의 나제통문,

계북면 월성치와 함께 소백산맥의 양쪽에 기반을 둔 세력집단이 서로 교류하는데 꼭 넘어야 할 만큼 중요한 관문지이다. 어찌보면 장수가 선사시대부터 지정학적인 잇점을 살려 급성장할 수 있는 결정적인 원동력을 제공해 준 것이 바로 육십령이다.

이상과 같은 천혜의 자연환경과 교통의 요충지라는 잇점을 바탕으로 장수는 일찍부터 선진지역으로 발전하였을 가능성이 높다. 그러한 사실을 입증해 주는 선사시대부터 역사시대까지의 다양한 문화유적이 분포된 것으로 밝혀졌다. 무엇보다 청동기시대의 지석묘와 가야계 고총이 밀집된 점에서 큰 관심을 끌었다.

장수가 산악지대에 위치하고 있는 지역임에도 불구하고 70여 기의 지석묘가 분포되어, 선사시대부터 선진지역으로 발전하였음을 증명해 주었다. 모두 100여 기가 분포된 고총이, 장수에 지역적인 기반을 두고 발전하였던 토착세력집단이 백제에 정치적으로 복속되기 이전까지 백제가 아닌 가야문화를 기반을 발전하였다는 사실을 입증해 주었다.

이밖에도 초기철기시대 지배자의 고분으로 추정되는 적석목관묘에서 청동유물과 철기류가 섞인 상태로 출토되었다. 이 시기의 고분이 발굴조사를 통해 고분의 구조와 그 성격이 소상하게 밝혀진 것은, 우리 나라에서 장수 남양리가 처음이다. 백제의 진출시기를 알려주는 횡혈식 석실분과 장수의 지역성과 역사성을 강하게 담고 있는 성과 봉수대도 상당수 조사되었다. 장수의 생활상을 살필 수 있는 요지와 건물지, 선사시대부터 역사시대까지 고고학적 자료를 풍부하게 제공해 준 유물산포지는 장수의 역사와 문화를 이해하는 데 빼놓을 수 없는 중요한 유적이다.

이와같이 장수와 관련된 중요한 역사적 의미를 담고있는 문화유적에 대한 발굴조사는 여전히 미진한 단계에 머물러 있다. 다행히 문화유적을 찾고, 알리고, 보존하기 위한 지표조사가 꾸준히 진행되어 왔으며, 지금도 하나의 유적이라도 알리기 위해 노력하고 있는 사람들이 많다. 그리고 농경지를 경작하면서 땅 속에서 유물이 발견되면 그것을 즉시 신고하거나 유적이 통째로 사라질 상황에서 유적을 지켜낸 군민들도 많았다. 그리하여 지표조사와 발굴조사에서 고고학적 자료가 상당히 축적되어, 장수의 역사와 문화를 심층적으로 조명하는데 큰 도움을 주고 있다.

장수와 관련된 내용을 전하는 문헌기록이 얼마간 있지만, 그 내용은 행정체계의 변화과정을 소개하는 단편적인 수준에 불과하다. 이처럼 문헌자료의 한계성으로 인해 장수의 역사와 문화를 조명하기 위한 일련의 과정은 그다지 활기를 띠지 못했다. 더욱이 장수가 험준한 산악지대에 위치하여 아예 문화유적이 없을 거라는 군민들의 부정적인 인식도 큰 걸림돌로 작용하였다. 이에 필자는 고고학적 자료만을 가지고 장수의 역사와 문화의 우수성을 소개함으로써, 군민들의 부정적인 생각을 불식시키고 장수 군민으로서의 강한 자긍심과 애향심을 심어주고자 한다.

　장수에 산재된 문화유적을 찾아 그 중요성을 알리기 위한 일련의 작업에는 많은 사람들이 노력을 아끼지 않았다. 전라북도 문화재담당관 유 철, 익산 미륵사지 유물전시관 노기환, 금산사 박물관 김미란, 호남문화재연구원 강원종 · 한수영 · 이은정, 국립전주박물관 김소연 등은 바쁜 업무 중에도 시간을 내어 지표조사에 참여해 주었다. 그리고 군산대학교 박물관 조인진 · 김병현 · 방민아 · 이윤정, 사학과 전상학 · 노승은 · 김 건 · 이 슬 · 김보길 · 김영은 · 문주해 · 임소연 · 정문옥 · 하지혜 등이 지표조사에 적극적으로 참여하였다. 그런가 하면 전북대학교 박물관 이종철 · 이민석과 고고문화인류학과 많은 학생들, 군산대학교 백제문화연구회 김재성 · 김수환 · 장승수 · 이기태와 모든 동아리 회원들이 수시로 현지조사에 참여하여 적지않은 도움을 주었다.

　아울러 군산대학교 이용휘 박물관장을 비롯한 사학과 이세현 · 이희환 · 김종수 교수님, 전북대학교 윤덕향 · 김승옥 교수님은 항상 지표조사의 필요성과 중요성을 강조하고, 모든 조사가 활발하게 이루어질 수 있도록 항상 격려와 지원을 아끼지 않았다. 그런가 하면 면담조사와 현지조사 때는, 장수 군민들과 안천고 이병운, 장수고 이상훈 선생님이 뜻 깊은 제보와 친절하게 안내까지 해 주어 많은 문화유적을 찾는데 결정적인 도움을 주었다. 그리고 장수 문화유적의 중요성을 깊이 인식하고 김상두 장수군수님, 최용득 군의회의장님과 여러 의원님들, 장수군청 문화복지과 신봉수 전과장님을 비롯한 한규하 · 한국희 문화계장님, 문우성 · 이현정 선생님, 김진영 장수문화원장님은 항상 물심양면으로 지원해 주었다. 이점 진심으로 감사를 드린다.

　아무쪼록 그간의 지표조사나 발굴조사에서 축적된 고고학적 자료를 바탕으로 구성된 이 책이, 장수를 무대로 찬란히 꽃피웠던 선사문화와 가야문화를 기반으로 고총 단계까지 발전하였던 토착세력집단의 발전상을 중심으로 장수의 역사와 문화의 우수성을 알리는데 조금이나마 보탬이 되었으면 한다. 요즈음 어려운 경제사정에도 불구하고 흔쾌히 책 출판을 맡아 주신 김선경 사장님과 고단한 편집작업을 위해 노고를 아끼지 않은 서경문화사 식구들에게도 깊은 감사를 드린다.

2001. 10. 저자

차례

차례

제 1 장 들어가는 글

제 1 장
들어가는 글

전북 동부 산악지대의 가장 동쪽에 위치한 장수군은 소백산맥小
白山脈의 바로 서쪽에 위치하여 모든 지역이 해발 400m 내외되는
전형적인 고원지대를 이룬다. 이처럼 전 지역이 험준한 산악지대로
만 이루어져 일찍부터 문화유적이 없을 거라는 부정적인 생각이 팽
배하여 그 인식을 불식시키는데 적지 않은 노력과 시간이 필요했
다. 그래서 우리 선조들의 숨결이 배인 문화유적을 찾아 그 중요성
을 알리는 일련의 과정은 지금도 쉬운 일이 아니다.

장수에 산재된 문화유적의 존재가 처음으로 알려진 것은 1979년
이다. 그 해 장계면 삼봉리 북방식 지석묘를 학계에 정식으로 보고
한 것[1]이 계기가 되어, 문화유적이 없던 곳으로 인식되어 온, 장수
에도 문화유적들이 존재하고 있다는 사실이 세상에 알려지기 시작
했다. 그런데 유적을 알리기 위한 노력은 그리 오래가지 않았고, 유
적을 지키기 위한 관리의 손길도 미치지 못했다. 일제 강점기까지만
해도, 삼봉리 일대에는 20여 기의 지석묘가 있었던 것으로 알려졌는

---

1) 全榮來, 1979, 〈長水, 三峰里 北方式 支石墓〉, 《全北遺蹟調査報》 第10輯, 全
州市立博物館, 37−39쪽

장계면 삼봉리 북방식 지석묘. 상석 아래에 흙이 가득 채워져 북방식 지석묘로서 모든 외형을 잃었다.

1989년 천천면 남양리 이방마을 김승남씨가 신고한 유물들

데2), 지금은 북방식 지석묘를 제외한 다른 것은, 그 흔적조차 찾을 수 없다. 이들 지석묘는 보존의 손길이 전혀 미치지 않은 상황에서 개발이라는 명분에 밀려, 그 최소한의 의미마저도 남기지 못하고 통째로 사라진 것이다.

그 이후에도, 이 지역에 묻혀진 문화유적을 찾고 알리기 위한 조사 활동은 그다지 활기를 띠지 못했다. 그러다가 1989년 천천면 남양리3)에서 뜻하지 않게 유물이 쏟아져, 다시 한번 장수가 세인들의

---

2) ≪장수군지≫에는 장계면 삼봉리 일대에 본래 36기의 지석묘가 집단적으로 분포되어 있었던 것으로 소개되어 있다(長水郡, 1990, ≪長水郡誌≫, 221쪽.).

3) 池健吉, 1990, 〈 長水 南陽里 出土 靑銅器・鐵器一括遺物 〉, ≪考古學誌≫ 第2輯, 韓國考古美術硏究所, 5・22쪽

관심을 끌었다. 그 해 늦가을 천천면 남양리 이방마을에 살던 김승남씨는, 무 농사가 잘돼 먹을 것만 집으로 옮기고, 그 나머지는 수확한 밭에 저장하기 위해 구덩이를 파던 중 유물을 발견하였다. 당시에 발견된 유물을 곧장 신고하는 그의 지혜와 용단이 결정적인 계기가 되어[4], 이 유적이 세상에 그 모습을 드러냈다.

이와 같이 장수에 산재된 문화유적은 우연히 땅 속에서 유물이 발견되어, 그 존재가 간헐적으로 세상에 알려지다가, 1988년 전북향토문화연구회에서 실시한 문화재 지표조사[5]를 통해, 그 전모를 살필 수 있게 되었다. 당시 조사는, 장수에 산재된 문화재의 실태를 보다 정확히 파악하여, 이를 기록으로 정리함으로써 군민들에게 문화유적에 대한 이해를 증진시키고, 그 효과적인 보존·관리에 큰 목적을 두고 추진되었다. 장수의 모든 지역을 대상으로 문화재 지표조사를 펼쳐 많은 문화유적을 찾는 큰 성과를 거두었지만, 지석묘를 제외한 다른 고고분야의 유적은 거의 조사되지 않았다.

종래의 지표조사에서 고고분야 유적이 조사되지 않아, 그때까지도 여전히 장수에는 선조들의 숨결이 깃든 문화유적이 별로 없는 곳으로 인식되었다. 그러던 중 1993년 매우 뜻 깊은 지표조사가 추진되었다. 그것은 다름 아닌 국립문화재연구소에서 이미 보고된 문화유적들의 보존실태를 파악하고, 당시까지 조사되지 않았던 새로운 문화유적을 찾는 지표조사였다[6]. 당시 지표조사를 군산대학교 박물관에서 맡으면서 필자가 비로소 장수와 인연을 맺게 되었다.

---

4) 당시 김승남씨가 유물이 발견된 사실을 즉시 전북대학교 박물관에 제보해 주어 필자가 윤덕향 교수님과 함께 그의 집을 방문했다. 그는 정성스럽게 쌓아둔 유물을 안방에서 꺼내 펼쳐 놓고 "장수의 역사를 널리 알리기 위해 국가에 신고하려고 한다"고 의미있는 이야기를 해 주었다.

5) 全北鄕土文化硏究會, 1988, ≪長水郡文化遺蹟地表調査報告書≫, 全羅北道·長水郡.

그런데 당시의 지표조사가 문화재의 보존실태만을 파악하는데 큰 비중을 두어, 그때까지 조사되지 않았던 문화유적을 찾는 일은 그다지 활기를 띠지 못했다. 다만 군민들을 대상으로 한 면담조사를 통해 새로운 문화유적을 찾는 작업이 극히 제한적으로 이루어졌다. 그럼에도 불구하고 장계면 삼봉리와 천천면 삼고리에 대규모 고분군이 자리하고 있다는 사실을 밝혀내는 의외의 성과를 거두었다. 그리고 선사시대부터 역사시대까지의 매장유적埋葬遺蹟과 생활유적生活遺蹟, 관방유적關防遺蹟, 도요지陶窯址, 민속분야民俗分野 등 그 성격이 다른 문화유적이 분포되어 있다는 사실도 밝혀냈다.

이에 군산대학교 박물관에서는 1993년부터 해마다 자체적으로 장수군에 대한 문화유적 지표조사를 꾸준히 펼쳐왔다. 면담조사에서 군민들이 문화유적의 존재여부와 관련하여 구체적으로 제보해 준 지역을 대상으로 현지조사가 본격적으로 이루어졌다. 특히 장계면 삼봉리를 중심으로 일부 문화유적에 대해서는 수시로 정밀 지표조사를 통해서, 그 성격을 밝힐 수 있는 구체적인 자료도 상당량 수집되었다. 당시까지만 해도 삼봉리 유적은, 그 흔적조차 확인할 수 없을 정도로 심하게 훼손된 것으로 알려진 상태였다[7]. 다행히 장계면 삼봉리 남산마을에서 서쪽으로 500m 떨어진 곳에는 봉토가 보존된 고총高塚[8]이 일부 남아있었고, 그 주변에서는 토기편이 수습

---

6) 당시에 장수군과 임실군을 하나로 묶어 지표조사가 추진되었는데, 군산대학교 박물관이 장수군, 전주교육대학교 박물관에서 임실군에 대한 문화재 지표조사를 실시하였다.

7) '이 고분군이 모두 파괴되었는지 그 흔적마저 확인할 수 없으며, 더구나 잡목이 우거져 있어 그 유무도 확인할 수 없다'고 소개되어 있다(全北鄕土文化硏究會, 1988, 앞의 책, 21쪽.).

8) 지금까지는 고총고분·봉토분·대형고분·말무덤 혹은 몰무덤 등 여러 가지 이름으로 불려 왔는데, 이 글에서는 고총이라는 용어로 통일하여 사용하고자 한다.

되어 문화유적의 성격을 어느 정도 밝힐 수 있었다.

예컨대 백화산에서 장계천까지 뻗어 내린 지류의 정상부에는 마치 산봉우리처럼 생긴 큰 봉토의 흔적이 보존되어 있었으며, 그 정상부에는 도굴하면서 파놓은 구덩이가 남아있었다. 그 구덩이를 통해 확인된 고분은 천석을 가지고 벽면을 수직으로 쌓아올리고, 그 위에는 판자모양의 개석을 올려놓은 것이었다. 봉토는 직경이 20m 내외로 민묘를 만들면서 생긴 절단면에는 호석으로 추정되는 돌이 박혀있어, 봉토의 가장자리에는 본래 호석을 돌렸을 것으로 추정되었다[9].

아울러 지류의 정상부에는 봉토의 직경이 20m 내외되는 5기의 고총이 남아있었으며, 그 양쪽 기슭에는 소형 고분이 빼곡이 자리하고 있었다. 소형 고분은 흙이 산 기슭을 따라 흘러내려 봉토가 유실된 상태였으며, 역시 극심한 도굴의 피해를 입어 유구도 심하게 훼손된 상태였다. 고분의 내부까지 드러난 것이 적지 않았으며, 일부 고분은 벽석의 바닥까지도 유실된 상태였다. 고분은 천석을 가지고 벽석을 수직으로 쌓고, 그 위에는 판자모양의 개석을 올려놓아 그 구조가 수혈식竪穴式 석곽묘石槨墓[10]로 밝혀졌다. 이렇듯 유적의 입지와 고분의 분포양상, 고분의 구조, 벽석의 축조방법 및 장축방향 등의 속성은 가야고분과 밀접한 관련성을 엿볼 수 있었다.

다른 한편으로, 당시 삼봉리에서 수습된 유물도 가야토기의 속성[11]을 강하게 담고 있었다. 유물은 도굴과 민묘조성으로 깨진 상태였으며, 그 기종은 기대器臺을 비롯하여 가야토기가 대부분을 차지

---

9) 현재 민묘를 조성하면서 생긴 절단면에는 할석과 천석을 혼용하여 쌓아올린 석렬이 일부 드러났는데, 그것은 본래 봉토의 가장자리에 돌려놓은 호석으로 추정된다.

10) 수혈식 석곽묘란 연도가 없고 네벽을 쌓은 다음 관이나 부장유물을 위에서 내려 놓고 그 위에 개석을 덮어 놓은 구조를 하고 있는 고분을 말한다.

하였다. 예컨대 개신蓋身의 중앙에는 꼭지가 붙어 있고, 장경호長頸壺의 경부에는 밀집파상문이 시문되어 있었으며, 고배高杯의 경우에는 투창透窓이 상하 일직선으로 뚫려있었다. 당시에 천천면 삼고리 고분군에 대한 지표조사도 함께 이루어졌는데, 비록 삼봉리와 같은 대형고분은 발견되지 않았지만, 석곽묘가 주류를 이루는 대규모 가야계 고분군으로 밝혀졌다.

이상과 같은, 지표조사의 성과를 바탕으로 군산대학교 박물관에서는 발굴조사 준비작업에 들어갔다. 다행히 군산대학교에서 발굴비를 지원해주어 1994년 천천면 삼고리 고분군에 대한 두 차례의 발굴조사12)가 이루어졌다. 학술발굴 차원에서 이루어진 발굴조사에서는, 마한 이래로 백제 문화권에 속했던 것으로 인식되었던 장수의 토착세력집단이, 백제가 아닌 가야문화를 기반으로 발전하였다는 결정적인 고고학적 단서를 제공해 주었다.

그 이후 농지정리사업과 도로건설이 활발하게 추진됨에 따라, 이들 지역에 대한 발굴조사도 활기를 띠었다. 1996년 전북대학교 박물관과 군산대학교 박물관이 연합발굴단을 구성하여 대전·통영간 고속도로의 무주부터 장계까지의 구간에 대한 시굴조사13)와 발굴조사14)를 실시하였다. 1999년까지 계속된 조사에서는, 장수의

---

11) 일반적으로 경부에 밀집파상문이 시문되고, 경부와 동체부가 곡선으로 연결되고, 투창이 있는 경우에는 상하 일직선으로 뚫려 있는 것이 가야토기의 대표적인 속성이다. 이러한 가야토기의 주된 속성을 담고있는 회청색 경질토기편이 다량으로 수습되었다.

12) 당시 발굴조사는 삼장마을 북쪽을 감싸고 있는 지류의 정상부와 남쪽 기슭에서 집중적으로 이루어졌다. 이처럼 발굴조사가 남쪽 기슭에서 집중적으로 이루어지게 된 것은, 고분이 극심한 도굴로 심하게 파헤쳐져 마을과 가깝고 보이는 곳에 위치한 고분은 도굴의 피해를 덜 입은 것으로 판단되었기 때문이다.

13) 전북대학교 전라문화연구소, 1997, ≪대전·진주(무주·장계간)고속도로 건설사업 문화유적 시굴조사 보고서≫, 한국도로공사.

천천면 삼고리 고분군 유물 수습 광경. 1994년 천천면 삼고리 고분군 발굴조사 때 수혈식 석곽묘에 부장된 유물을 수습하고 있는 광경이다.

역사와 문화를 보다 심층적으로 조명할 수 있는 귀중한 고고학적 자료가 쏟아져 나왔다. 즉 계남면 호덕리와 장계면 삼봉리에서는, 이곳의 토착세력집단과 관련된 가야계 석곽묘에서 가야토기가 다량으로 출토되었다.

산서면 봉서리와 하월리에서 출토된 것으로 전하는 금제 귀걸이와 목걸이. 국립전주박물관 도록 참조

그리고 산서면 봉서·척동간 도로 확·포장공사 구간에서 대부장경호臺附長頸壺가 부장된 가야계 석곽묘가 조사되었다15). 산서면 봉서리 일대는, 장수에서도 가야계 수혈식 석곽묘의 밀집도가 상당히 높은 곳이다. 더욱이 1970년대에는 금제 귀걸이와 목걸이가

---

14) 全北大學校 博物館·群山大學校 博物館, 2000, ≪大田·統營間 高速道路(茂朱·長溪區間) 建設工事 文化遺蹟 發掘調査 報告書≫, 韓國道路公社.

15) 윤덕향·한수영·이민석, 2001, 〈 장수 봉서·척동간 도로확·포장공사 구간 내 문화유적 시굴조사 장수 봉서리 고분 〉, ≪遺蹟調査報告書≫, 全北大學校 博物館, 57·90쪽.

우연히 발견되어, 현재 장수군 산서면 봉서리와 하월리 출토품16)으로 이름을 붙여 국립전주박물관 전시실에 전시되어 있다. 특히 장수군과 남원시의 경계를 이루는 성산城山을 중심으로 북동쪽 기슭에 위치한 장수군 산서면, 남동쪽과 서쪽의 남원시 보절면과 덕과면에 가야계 석곽묘가 한층 밀집되어 있다.

한편 농지정리사업 현장에 대한 발굴조사에서도 의미있는 고고학적 자료가 쏟아져 나왔다.

천천면 월곡리 일대 경지정리작업 광경

1998년 천천면 월곡리 월곡초등학교에서 북쪽으로 200m 떨어진 농지정리사업 현장에서는 빗살문토기편과 석제 방추차17)가 수습되었다. 그해 전북대학교 박물관 주관으로 유물이 발견된 지역과 북쪽으로 250m 떨어진 남양리 유적을 하나로 묶어 수습조사가 이루어졌다18). 그리고 1999년 천천면 월곡리 반월마을 농지정리사업 현장

---

16) ≪국립전주박물관≫ 도록 29쪽 참조.
17) 1998년 천천면 일대에서 농지정리사업이 한창 진행 중이라는 제보를 받고, 바로 장수고 이병운 선생님과 함께 현지조사를 실시하였다. 당시 중장비로 토목공사가 진행 중인 현장에서 2점의 석제 방추차와 빗살문토기편이 소토층에서 수습되었다. 방추차는 판석형으로 그 중앙에는 원형의 구멍이 뚫려 있으며, 이들 유물과 관련된 유구는 이미 유실된 상태였다.

에 대한 수습조사도 역시 전북대학교 박물관에서 실시하였다[19]. 여기서는 빗살문토기편과 무문토기편, 돌보습, 갈관, 석도 등의 유물이 수습되었는데, 아쉽게도 이들 유물과 관련된 유구의 흔적은 발견되지 않았다.

이와 같이 수습조사 내지 발굴조사가 계속되는 동안, 군산대학교 박물관에서는 이 지역을 대상으로 문화유적 지표조사도 꾸준히 펼쳤다. 그리고 전주 · 함양간 고속도로가 장수군을 통과하여 고속도로 공사 구간에 대한 지표조사도 실시하였다[20]. 그리하여 장계면 삼봉리와 인접된 계남면 호덕리, 여기서 남서쪽으로 2.5km 떨어진 계남면 화양리에도 고총高塚이 분포되어 있다는 사실을 확인하고, 이를 학계에 꾸준히 발표해 왔다. 이러한 사실이 알려지게 되자, 장수군에서도 고총의 중요성 내지 역사성을 깊이 인식하고, 1999년에는 고총이 분포된 삼봉리와 화양리에 대한 정밀 지표조사를 군산대학교 박물관에 의뢰하기에 이르렀다.

군산대학교 박물관에서는 2000년 고고분야 유적만을 대상으로 종합적인 지표조사를 펼쳐, 지석묘군 14개소를 비롯하여 고분군 85개소, 요지 34개소, 건물지 8개소, 유물산포지 38개소 등 모두 180여개소의 문화유적을 찾는 의외의 성과를 거두었다[21]. 당시에 고고분야 유적만을 대상으로 지표조사가 이루어지게 된 것은, 장수의 역사와 문화를 보다 심층적으로 조명하기 위해서는, 그때까지도 조사가

---

18) 尹德香, 2000, ≪南陽里≫ 發掘調査 報告書, 全羅北道 · 長水郡 · 全北大學校 博物館.

19) 윤덕향 · 강원종, 2001, 〈 장수 월곡리 장척 2지구 경지정리사업 지구내 문화유적 시굴조사 장수 월곡리 유적 〉, ≪遺蹟調査報告書≫, 全北大學校博 物館, 15 · 55쪽.

20) 郡山大學校 博物館, 2000, ≪全州 · 咸陽間 高速道路 第10工區 文化遺蹟 地表調査 報告書≫, 都和綜合技術公社 · (주)서영기술단, 23 · 24쪽.

21) 群山大學校 博物館, 2001, ≪長水郡의 文化遺蹟≫, 全羅北道 · 長水郡.

미진했던 고고분야 유적에 대한 지표조사가 불가피했기 때문이다. 그 동안 지표조사나 발굴조사에서 밝혀진 장수 문화유적의 분포현황을 지역별로 정리하면 〈 표 1 〉과 같다.

〈표1〉 장수의 지역별 문화유적 분포현황

유적명	장수읍	천천면	계남면	장계면	계북면	번암면	산서면	합계
지석묘	3	3	2	7	2	-	12	29
고 분	23	12	10	10	5	3	13	76
도요지	8	5	4	1	8	1	4	31
건물지	2	2	1	2	1	-	-	8
산 성	2	2	2	2	-	2	2	12
봉수대	3	1	-	2	2	1	1	10
유물산포지	8	5	7	6	3	1	8	38
합 계	49	30	26	30	21	8	40	204

이상과 같은 지표조사나 발굴조사에서 축적된 고고학적 자료를 근거로, 장수에 지역적인 기반을 두고 발전하였던 토착세력집단은, 백제에 정치적으로 복속되기 이전까지, 백제가 아닌 가야문화를 기반으로 성장하였던 것으로 드러났다. 그러한 사실을 입증해 주는 다양한 문화유적이 장수군 전 지역에서 조사되었다. 그 중 봉토의 직경이 10m 이상 되는 중대형급 고총이 조사된 장계면 삼봉리·월강리, 계남면 호덕리·화양리, 장수읍 두산리·대성리 고총군이 역시 큰 관심을 끌었다. 최근에는 백제 때 행정 치소가 설치되었던 장수읍과 장계면, 산서면에서 횡혈식 석실분이 발견되어 상당한 기대를 모으고 있다.

지금까지의 지표조사에서 축적된 자료에 의하면, 장수에는 대략 100여 기의 중대형 고총이 분포된 것으로 파악되었는데, 고총은 백제에 복속되기 이전까지 가야문화를 기반으로 발전하였던 토착세력집단의 상위계층 내지 지배자의 고분으로 추정된다. 그리고 그

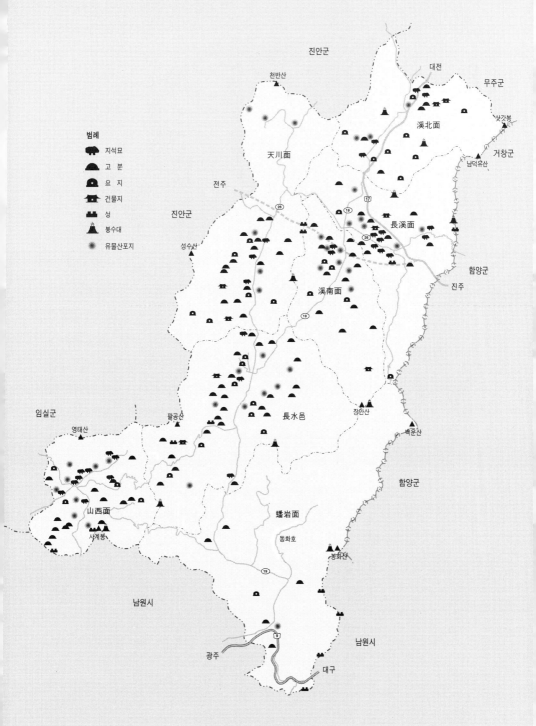

지석묘
고 분
요 지
건물지
성
봉수대
유물산포지

진안군
천반산
대전
무주군
溪北面
삿갓봉
天川面
거창군
남덕유산
전주
長溪面
진안군
성수산
함양군
진주
溪南面
임실군
팔공산
영태산
長水邑
장안산
백운산
山西面
함양군
사계봉
蟠岩面
동화호
봉화산
남원시
남원시
광주
대구

도면1. 장수 문화유적 분포도

하나의 유적이라도 더 찾기 위해 진지한 자세로 면담조사를 실시하고 있는 모습

하위계층과 관련된 분묘유적도 장수읍과 장계면, 계남면, 천천면, 산서면에서 20여 개소가 발견되었다. 무엇보다 토착세력집단의 발전과정과 그 위상을 한눈에 살필 수 있는 고총에 대해서는 고총의 분포도22)를 유적별로 작성하여 실어 놓았다.

지금까지 장수에 산재된 문화유적을 찾고 알리기 위한 지표조사에는 크게 4가지의 조사방법이 적용되었다. 하나는 이미 학계에 발표된 장수와 관련된 문헌기록이나 고고학적 연구성과를 지도에 표시하는 문헌조사文獻調査이다. 다른 하나는 문헌조사에서 드러난 자료를 토대로, 조사자가 모든 마을을 직접 방문하여 현지 주민들로부터 문화유적과 관련된 증언을 듣고, 그 내용을 정리하는 면담조사面談調査이다. 또 다른 하나는 문헌조사 혹은 면담조사에서 밝혀진 기초 자료를 토대로 현지를 답사하여 문화유적의 존재 여부를 파악한 다음, 문화유적이 발견될 경우에는 그 범위와 성격을 파악하는 현지조사現地調査이다. 또 다른 하나는 현지조사 때 자료가 누락

22) 2000년 장수군 문화유적 지표조사 때 작성된 것으로, 고총의 분포양상을 정확히 파악하여 그 보존대책을 수립하는데 필요한 학술자료의 수집에 목적을 두고 작성되었다. 현재 봉토가 보존된 현상만을 기준으로 하여 작성되었기 때문에, 본래 봉토의 크기는 이보다 훨씬 더 컸을 것으로 추정된다.

된 지역이나 자료를 정리하는 과정에 현지조사가 불충분한 문화유적을 중심으로 실시한 추가조사追加調査이다.

끝으로, 그간의 지표조사는 선사시대부터 역사시대까지의 생활유적, 매장유적 등 고고분야考古分野 유적을 중심으로 이루어졌다. 그리고 고건축古建築, 관방유적關防遺蹟, 미술사美術史, 민속분야民俗分野까지도 조사 대상에 포함시켜 종합적인 지표조사를 실시하였지만, 그것과 관련된 내용은 소개하지 않았다. 필자는 장수에 산재된 문화유적의 분포양상을 파악하기 위해 문헌조사부터 면담조사까지 모든 조사 방법을 적용하는데 심혈을 기울였다. 특히 면담조사에 큰 비중을 둔 이유는 잡목과 잡초가 우거지고 낙엽이 쌓여 있어, 현지조사만으로 문화유적을 찾는 데 어려움이 있었기 때문이다. 하지만 준비 소홀과 노력 부족 등으로 인해 문화유적의 분포양상이나 그 성격을 상세하게 밝히지 못하였음을 밝혀둔다. 그리하여 지금도 전혀 예상하지 않은 곳에서 간혹 중요한 유적이 발견되거나 유물이 출토되는 경우도 적지 않다.

제 2 장 장수의 자연환경과 교통로

제 2 장
장수의 자연환경과 교통로

1. 자연환경과 권역의 설정

전북의 동부 산악지대에 위치한 장수군은 남쪽에 남원시南原市, 서쪽에 임실군任實郡과 진안군鎭安郡, 북쪽으로는 진안군과 무주군 茂朱郡, 그리고 동쪽으로는 경남 거창군居昌郡과 함양군咸陽郡 등과 접경한다. 장수군은 또한 소백산맥이 휩쓸고 지나가는 이른바 '진안고원鎭安高原'의 일부로서, 모든 지역이 해발 400m 이상의 높은 고원지대를 이루고 있다. 그래서 행정 구역상 장수군에 편입되어 있지만 지형상으로 남원시와 동일한 지역권을 형성하고 있는 남서쪽의 산서면에만 구릉지대가 발달해 있을 뿐이다.

장수군의 경계를 이루는 동쪽에는 덕유산德裕山에서 백운산白雲山까지 연결되는 소백산맥의 준령이 가로막고, 북쪽에는 두문산斗文山 · 어둔산魚屯山 · 봉화산奉化山 · 고산鼓山, 서쪽에는 천반산天盤山 · 성수산聖壽山 · 덕태산德泰山 · 선각산仙角山 · 팔공산八公山 · 묘복산猫伏山, 남쪽에는 신무산神舞山 · 사두봉蛇頭峰 · 장안산長安山 등의 고봉들이 둘러서 있다. 이 고봉들은 장수읍 남쪽에 위치한 수분치水分峙[23]에서 하나로 연결되어 장수군의 전 지역

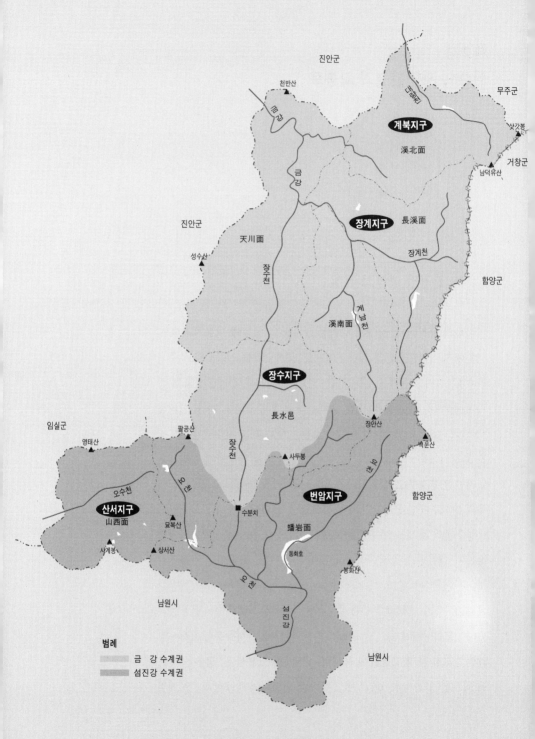

도면2. 장수 수계 및 지구별 권역도

을 금강과 섬진강 수계권으로 갈라놓고 있다.

섬진강 수계권은 다시 오수천獒樹川 유역의 산서지구와 요천蓼川 유역의 번암지구로 나뉜다. 그런데 이들 지구는 동쪽과 서쪽에 마치 등진 듯이 자리잡고 있어, 그 사이의 산이 워낙 험준하여 서로 왕래하기가 매우 어려우며, 장수보다는 남원과의 교통이 편리하다.

먼저, 산서지구는 동쪽에 팔공산·묘복산·상서산, 북쪽에 영태산靈台山, 남쪽에 사계봉社桂峰·성산城山·응봉산鷹峰山 등의 고봉에서 여러 갈래로 뻗어 내린 지류들이 모여 구릉지대가 발달해 있다. 특히 팔공산에서 상서산까지 남북방향으로 뻗은 능선이 험준하여 지형상으로는 장수읍과 별개의 지역권을 형성하고 있다. 동시에 묘복산과 상서산의 북서쪽에서 발원하여 서쪽으로 흐르는 오수천을 따라, 그 양쪽에는 넓은 들판이 펼쳐져 천혜의 자연환경을 갖추고 있다. 이처럼 산서지구는 구릉지대와 들판이 발달해 북서쪽에 위치한 임실군과 남쪽의 남원시와는 지형상으로 구분되지 않고 동일한 지역권24)을 이루고 있다.

다음으로, 번암지구는 장수에서 지형이 가장 험준한 산악지대를 이룬다. 요컨대 동쪽에는 소백산맥의 준령을 따라 백운산·월경산·봉화산, 북서쪽에는 장안산·사두봉蛇頭峰·신무산 등으로 연결되는 험준한 능선이 외곽을 감싸고 있다. 번암면 소재지인 노단리를 비롯하여 대론리와 교동리 일대에 형성된 협장한 들판을 제외하면 모든 지역이 험준한 산악지대를 이룬다. 장안산과 백운산에서

23) 금강과 섬진강 발원지로서 장수읍 수분리와 번암면 교동리 경계를 이룬다. 이곳은 지형이 매우 완만하여 금강과 섬진강을 직접 연결해 주는 남북방향의 교통로가 통과하는 대표적인 관문이다.

24) 다시 말해서 행정구역상으로는 남원시, 임실군과 장수군으로 그 소속을 달리하고 있지만, 지형상으로는 서로 경계가 분명하지 않을 정도로 장애물이 거의 없다.

발원하여 북서쪽으로 흐르는 백운천白雲川이 팔공산과 수분치에서 발원하여 남쪽으로 흐르는 지류와 노단리에서 만나 요천의 상류를 이룬다. 장수읍 대성리와 식천리는 해발 500m 내외의 전형적인 고원지대로 행정 구역상 장수읍에 편입되어 있지만, 수계상으로는 섬진강 수계권에 속한다.

금강 수계권은 소백산맥에서 여러 갈래로 갈라진 능선을 경계로 장수 · 장계 · 계북지구로 세분된다. 그런데 이들 지구는 서로 경계를 이루는 능선이 그다지 험준하지 않고 고개와 지류를 따라 교통로가 잘 갖춰져 서로 왕래하기가 매우 용이하다.

장수지구長水地區는 장수읍과 천천면이 여기에 속한다. 수분치에서 발원하여 북쪽으로 흐르는 장수천長水川을 따라 들판과 구릉지대가 광범위하게 펼쳐져 있는데, 장수읍이 상류에 자리하고 그 북쪽에 천천면이 위치하고 있다. 이들 지역은 지형상 동일 지역권을 이루고 있는데, 동쪽에는 사두봉 · 장안산 · 법화산으로 곧장 연결되는 능선이 장계분지와 경계를 이룬다. 그리고 서쪽에도 성수산부터

사방이 고봉들로 감싸인 장수지구. 능선이 사방을 병풍처럼 감싸고 그 중앙에 들판과 구릉지대가 넓게 펼쳐져 빼어난 자연환경을 갖추고 있다.

팔공산까지 남북방향으로 뻗은 능선이 진안군과 경계를 이루면서 서쪽을 병풍처럼 가로막고 있다. 장수읍 장수리 · 송천리 · 노하리 일대에는 장수지구에서 가장 넓은 들판이 펼쳐져 있으며, 특히 장수읍 동촌리와 노곡리는 사방이 험준한 능선으로 둘러싸여 빼어난 자연환경을 갖추고 있다. 그리고 천천면 남양리 · 삼고리 일대에도 장수천을 따라 남북으로 긴 들판이 넓게 발달해 있다.

장계지구長溪地區는 장계면과 계남면으로 구성되어 있다. 이들 지역은 백화산白華山에서 장계면 소재지까지 뻗은 지류와 장계천이 경계를 이룰 만큼 지형상으로는 동일 지역권을 형성하고 있다. 장계면은 남덕유산南德裕山과 육십령六十嶺25)에서 발원하여 서쪽으로 흐르는 장계천을 따라 들판이 발달해 있으며, 그 주변에도 구릉지대가 폭 넓게 펼쳐져 있다. 장계면의 남쪽에 위치한 계남면도 장안산의 북쪽에서 발원하여 북쪽으로 흐르는 계남천을 따라 역시 들판이 발달해 있다. 그런데 장계지구는 동쪽에 남덕유산 · 깃대봉 · 장안산, 북쪽에 깃대봉 · 수락봉 · 시루봉, 남서쪽에 법화산 · 장안산 등의 고봉들이 하나의 능선으로 연결되어, 그 외곽을 병풍처럼 감싸고 있어 천혜의 요새지를 이룬다.

계북지구溪北地區는 지형상 계북면과 무주군 안성면으로 이루어져 있다. 장수의 가장 북쪽에 위치한 계북면은 소백산맥의 바로 서쪽에 자리하여 다른 지구와 달리 험준한 산악지대를 이룬다. 장수군 계북면 북쪽에 인접된 무주군 안성면도 산악지대를 이루고 있는 지역임에도 불구하고 구릉지대가 매우 발달해 있다. 그런데 이들 지역은 행정 구역상으로 서로 소속을 달리하고 있지만 구릉지대가 경

---

25) 소백산맥 준령에 위치한 고개로 금강과 남강의 발원지를 이룬다. 즉 서쪽 기슭에서는 장수천이 시작하여 서쪽으로 흐르고, 동쪽 기슭에서는 남강의 상류를 이루는 남계천이 발원해 남동쪽으로 흐른다.

계를 이룰 정도로 지형상으로는 동일 지역권을 이루고 있다. 계북면 양악리와 안성면 장기리·덕산리에 대량천大良川을 따라 협장한 들판과 그 주변에 구릉지대가 적절히 조화를 이루고 있다.

2. 교통로의 개념과 그 조직망

교통交通26)이라는 말은 흔히 넓은 의미와 좁은 의미의 두 가지로 해석되고 있다. 전자는 경제적 방법에 의한 재화의 이동 관계와 인간 상호간의 일체의 동적 관계, 즉 인간 사회 생활의 전부를 말한다. 후자는 사람·재물·의사意思의 장소적 이동, 즉 흔히는 운송과 통신을 의미하기도 한다. 그리고 그 중추적인 역할을 담당하는 것이 바로 교통로이며, 그것을 인체에 비유한다면, 크고 작은 가닥으로 뻗어나간 혈관을 교통로交通路라 할 수 있다. 인체에서 혈관을 통한 혈액의 순환이 한 순간도 멈춰서는 안 되듯이, 국가에서도 정치적·경제적·문화적 요소들이 이 교통로를 매개로 하여 끊임없이 움직이고 있다.

지구상에서 교통로가 생겨난 것은 인류의 출현과 때를 같이한다. 특히 인류가 정착생활을 영위하면서 정착지를 중심으로 교통로가 확장 내지 개척되었을 것이고, 또한 가까운 거리에서 점차 먼 거리로 확대되어 갔을 것이다. 국가가 형성되면서 수도를 중심으로 전국에 방사선식放射線式으로 교통로가 뻗어 나갔고, 간선과 지선, 지선과 지선들이 환상선식環狀線式으로 연결되어 마치 거미줄 같은 교통망交通網이 형성되었다. 그리고 일단 형성된 교통로는 사람의 내왕이건 물자의 교역이건 간에, 그 교통이 잦아짐에 따라 간선과 지

---

26) 交通의 槪念은 方東仁〈교통〉의 내용을 정리한 것이다(方東仁, 1997,〈교통〉,《한국민족문화대백과사전》3, 한국정신문화연구원, 404·405쪽.).

선으로 재편성되었다. 그런가 하면 교통의 형태와 발달은 각 지역의 지형이나 지세와 같은 자연 조건의 기준에 따라 큰 영향을 받았다. 우리 나라의 선사시대 교통로가 어떠했는지는 문헌 기록이 남아 있지 않으므로, 그것과 관련된 상세한 내용은 살필 수가 없다. 다만 정치적 중심지를 핵으로 하여 교통로가 사방으로 뻗어 나갔을 것으로 여겨진다. 삼국시대에는 각 국이 더욱 광범위하게 영역을 확장해 나감에 따라 수도를 중심으로 교통로를 재편성하게 됨으로써 이전 시기보다 훨씬 정비된 교통로의 조직과 개설이 있었던 것으로 보인다. 그러한 일련의 과정은 군사적인 요새지에 축성이라든지, 지방 행정 구역의 설정, 교통 장애의 제거, 교량 부설, 산령 개척 등으로 이루어졌을 것이다.

다른 한편으로, 삼국시대의 교통로는 내왕의 편익이라든지 교역품의 수송을 원활히 하기 위한 교역로보다 국가의 유사시에 신속한 군량수송 또는 공납하는 여러 물건을 중앙에 수송하려는 목적이 더 큰 의미를 지녔던 것으로 보고 있다[27]. 이렇듯 당시의 교통로는 정치적·군사적 의미를 가질 뿐 아니라 교역품의 수송을 위한 교역로로서 경제적 의미도 담고 있을 것으로 판단된다. 따라서 오늘날에는 백제 문화권이니 가야 문화권이니 하는 문화권을 산계山系와 수계水系를 좇아서 구분하려는 주장도 있다[28].

그런데 장수가 속해 있는 호남의 동부지역은 지리적 잇점을 살려 교통로가 잘 갖추어진 지역임에도 불구하고, 이들 교통로에 대해서는 별다른 관심을 끌지 못했다. 소백산맥과 노령산맥이 동쪽과 서쪽

---

27) 方東仁, 1997, 앞의 글, 404 · 405쪽.
28) 예컨대, 대동강을 따라 발달했던 고조선이나 고구려의 사회, 한강을 연해서 발달한 백제 사회, 영산강 유역에 전용 옹관묘를 조영한 세력 집단 등을 이러한 예로 꼽을 수 있을 것이다.

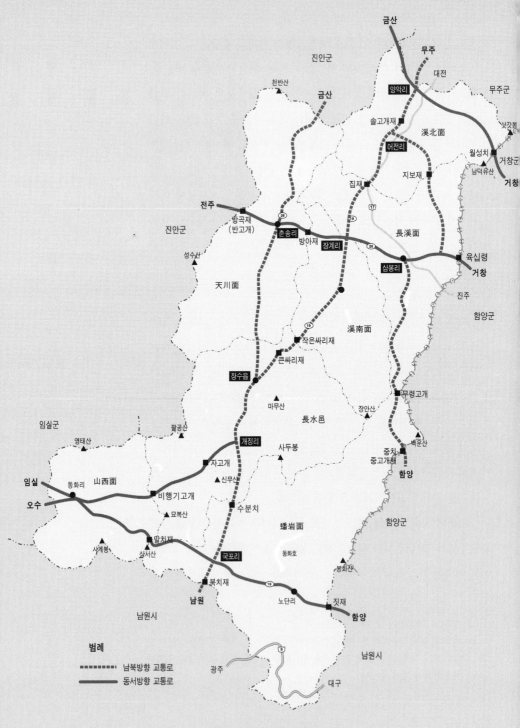

도면3. 장수 교통로 조직망

을 각각 가로막고 있어서, 교통로는 대체로 수계를 따라 방사상放射 狀이 아닌 선상線狀으로 연결되어 있다. 호남과 영남의 경계를 이루 는 소백산맥이 워낙 험준하여 교통로는 고개를 중심으로 연결되어 있다. 특히 장수는 교통로가 그물망처럼 잘 갖춰져 일찍부터 교통 의 요지를 이루었다[29]. 고개와 하천을 따라 선상으로 연결된 교통 로는 방위개념을 기준으로 동서와 남북방향 교통로로 구분된다.

먼저, 호남과 영남지방을 곧장 연결해 주는 동서방향의 교통로이

상 / 장계면 삼봉리에서 바라 본 육십령. 사진 우 측에 약간 들어간 곳이 육십령으로 금강과 남강 수계권을 직접 연결해 준 다.

하 / 섬진강과 남강을 직 접 연결해 주는 짓재. 장 수군 번암면과 남원시 아 영면을 이어주는 고개로 사진 오른쪽 상단부 도 로공사가 시작되는 곳이 짓재이다.

---

29) 현지 주민들을 대상으로 이루어진 면담조사에서 복원된 것으로, 아직은 그 상 한이 언제까지 올라갈지 속단할 수 없다. 다만 지정학적인 위치나 지형적인 잇 점을 근거로 추론해 볼 때, 그 시기가 선사시대까지 올라갈 가능성이 높다.

금강과 섬진강의 분수령을 이루는 수분치. 사진 중앙에 완만한 지형을 이루는 곳이 수분치로 금강과 섬진강 발원지를 이루면서 남북방향의 교통로가 통과하는 길목이다.

다. 이 교통로가 통과하는 대표적인 고개로는 소백산맥의 정상부에 위치한 월성치月城峙, 육십령六十嶺, 짓재 등이 있다.

월성치는 남덕유산에서 북쪽으로 1.1km 떨어진 곳으로 금강의 지류인 구량천과 황강의 위천을 곧장 연결시켜 준다. 육십령은 소백산맥의 대표적인 관문지로서, 전주를 비롯한 노령산맥 서쪽에서 진안읍, 장계면을 경유하여 남강의 지류인 남계천 방면으로 나아가는 중요한 길목이다. 짓재는 한치재30), 말치재31)를 넘어 번암면 노단리를 경유하여 남원시 아영면을 비롯하여 함양, 산청, 진주방면으로 나아가기 위해서는 꼭 넘어야하는 고개이다. 이외에도 진안읍 오천리와 천천면 춘송리를 곧장 연결해 주는 반고개(혹은 방곡재), 산서면 일원에서 대성리를 거쳐 장수읍 일대로 나아가기 위해 넘어야하는 비행기고개와 자고개32)도 동서방향의 교통로가 통과하는 중요한 길목이다.

---

30) 임실군 지사면 관기리와 성수면 오류리 경계에 위치한 고개로, 임실읍을 경유하여 섬진강 상류지역으로 나아가기 위해서는 반드시 넘어야 하는 길목이다.
31) 장수군 번암면과 산서면을 연결해 주는 고개로 묘복산과 상서산으로 이어지는 험준한 능선의 정상부에 위치한다.
32) 순창을 비롯하여 섬진강 중류지역에서 오수천을 따라 임실군 오수면과 지사면, 장수군 산서면을 경유하여 장수읍으로 진출하기 위해서는 꼭 넘어야 할 길목이다. 비행기고개는 산서면에서 장수읍 대성리 방면으로, 자고개는 대성리에서 장수읍 소재지로 나아가기 위해서는 반드시 넘어야 할 고개이다.

다음으로, 금강과 섬진강 수계권을 연결해 주는 남북방향의 교통로이다. 이 교통로는 우리 나라의 중부지방과 남원을 비롯하여 남해안을 직접 연결해 주는 중요한 경로이다. 이 교통로가 지나는 경로를 살펴보면, 대전에서 금산, 무주를 거쳐 오두치[33], 솔고개재[34], 집재[35]를 넘어 장계면 소재지에 다다른다. 그리고 계남면과 장수읍의 경계를 이루는 작은싸리재와 큰싸리재[36]를 넘어 장수읍에 도달하고, 여기서 다시 남쪽으로 수분치[37], 북치재[38]를 넘어 남원시를 비롯하여 남해안까지 연결된다. 이 경로 못지 않게 중요한 것은, 장안산의 동쪽에 위치한 무령고개를 넘어 번암면 지지리에 도달하면, 여기서 동쪽으로 소백산맥의 중재 혹은 중고개재[39]를 넘어 경남 함양읍 일대로 나아가는 경로이다.

　이상과 같이 장수는 험준한 산악지대에 위치하고 있음에도 불구하고 교통로가 잘 갖춰져 일찍부터 교통의 요충지를 이루었다. 계북면 양악리, 장계면 장계리, 번암면 노단리에서는 동서와 남북방향의 교통로가 직교하고 있는데, 그 중 장계면 일대는 주된 교통의 중심지이다. 교통로는 장수가 선사시대부터 역사시대까지 발전하는

---

33) 무주군 적상면과 안성면을 연결해 주는 대표적인 고개로 봉화산에서 남동쪽으로 2.5km 떨어진 능선의 정상부에 위치하고 있다.

34) 계북면 소재지에서 북동쪽으로 1.2km 떨어진 곳으로 달리 '송치' 라고도 불린다.

35) 장계지구의 북쪽을 감싸고 있는 능선의 정상부로 장계면과 계북면의 경계를 이루고 있는 곳에 위치하고 있다.

36) 장수지구와 장계지구로 갈라놓고 있는 능선의 정상부에 위치하고 있으며, 작은싸리재는 장계지구, 큰싸리재는 장수지구와 가깝다.

37) 금강과 섬진강의 발원지로서 이들 수계권을 직접 연결해 주는 길목이다.

38) 장수군 번암면 국포리와 남원시 산동면 대상리를 직선으로 연결해 주는 고개이다.

39) 이들 고개는 소백산맥의 정상부에 위치한 고개로서, 장수군에서 함양군을 비롯하여 남강 수계권으로 곧장 진출하는데 중요한 길목이다.

데 적지않은 영향을 미쳤을 가능성이 높다. 무엇보다 가야문화를 기반으로 발전하면서 고총을 만들었던 토착세력집단이 급성장하는 데 결정적인 원동력을 제공해 주었을 것으로 추정된다.

지금도 장계면 장계리에서는 남원과 무주를 연결하는 19번 국도와 진안과 거창을 잇는 26번 국도가 만난다. 그리고 2001년 12월 개통 예정으로 공사가 진행 중인 대전·통영간 고속도로와 금년부터 본격적인 공사에 들어가는 군산·함양간 고속도로도 역시 이곳에서 교차한다.

3. 역사시대 때 장수의 발자취

삼국시대부터 장수의 모습은 ≪삼국사기≫의 기록을 통해 살필 수 있다. 이에 의하면, 백제 때 장계면에는 백이(백해)군伯伊(百海)郡, 장수읍에는 우평현雨坪縣이 설치되었다[40]. 그러나 이들 지역이

지도1. 삼국시대 때 장수와 그 주변지역 행정치소

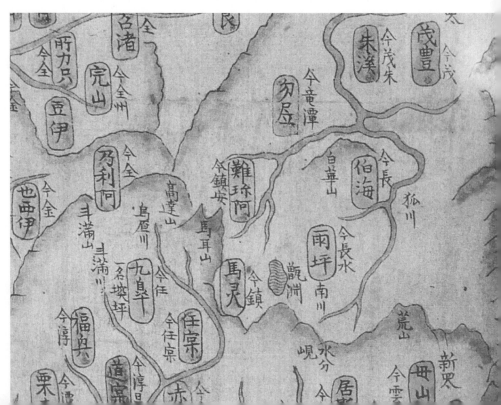

언제부터 백제의 영토로 편입되었는지, 또는 백제의 지방통치 체계에서 어떤 위치를 차지했는지는 알 수 없다. 다만 의자왕 20년(660) 백제가 신라에 멸망하고, 663년에는 주류성이 함락됨으로써, 그 영토가 당과 신라에 양분되는 과정에 장수군은 모두 신라에 편입된 것으로 보인다.

그런데 신라는 경덕왕 16년(757)에 당의 방식으로 제도를 개편하고, 그 영속체제를 강화하는 일련의 개혁을 단행할 때 전국의 모든 지명을 중국식으로 고쳤다. 그 때 백이(백해)군은 벽계군壁溪郡으로 고쳐 진안과 고택을 영현으로 두었으며, 우평현은 고택현高澤縣이라 고쳐 벽계군의 영현이 되었다. 이러한 신라의 개혁정책이 실패로 끝나고 급기야 혜공왕 12년(776)에는 지명이 다시 바뀌는 과정에 백이(백해) · 우평으로 환원되었다.

아직도 장수에서는 통일신라시대의 유적이 발견되지 않고 있다. 그리하여 통일신라시대 때 장수군의 모습이 어떠하였는지를 추론하기는 매우 어렵다. 다만 통일신라시대에는 삼국시대 말기에 만들어지기 시작한 석실분을 약간 변형시킨 고분과 불교의 영향으로 시신을 화장하고 나서 남은 것을 뼈단지에 넣어서 묻어 주는 화장묘火葬墓가 크게 유행하였던 것으로 알려져 있다. 장수군과 바로 인접된 진안군에서는 마령면 평지리[41]와 부귀면 오룡리[42]에서 이 시기의 고분이 조사되었다. 그렇기 때문에 장수에서도 보다 더 많은 관심을 기울인다면 머지않아, 이 시기의 고분을 비롯하여 다양한 유적

40) ≪삼국사기≫ 지리 전주조에 의하면 "本百濟古伯伊(一作海)郡 景德王改名 今長溪縣. 領縣二. 鎭安縣 本百濟難珍阿縣 景德王改名 今因之. 高澤縣 本百濟雨坪縣 景德王改名 今長水縣"이라 한 기사 참조.
41) 郭長根 · 韓修英 · 趙仁振, 1998, ≪鎭安 平地里 古墳群≫ · 1997年度 發掘調查 · , 財團法人 百濟文化開發研究院 · 群山大學校 博物館.
42) 郭長根 · 趙仁振, 2001, ≪鎭安 五龍里 古墳群≫, 群山大學校 博物館.

지도2. 조선 숙종 때 제작
된 동여비고에 실린 장수
일원의 모습

이 조사될 가능성도 충분히 기대된다.

　고려시대에는 초기에 여러 가지 제도를 시행하다가 현종 9년
(1018)에 비로소 항구적인 지방통치체제를 마련하였다. 그것은 다
름 아닌 전국을 경기京畿와 호경好景, 그리고 한두 개의 계수관도界
首官道로 정연하게 나눈 것이었다. 이 때　전국의 지명을 다시 중국
식의 한자명으로 고치면서 고택현은 장수현, 벽계군은 장계현이라
고 바뀌었다. 이 때부터 처음으로 장수와 장계라는 지명이 나타나게
되었다.

그러나 어느 한 군데도 수령관이 되지는 못하였고, 계북면 양악리 일대에 있었던 양악소陽岳所·천천면 남양리 일대에 두었던 이방소梨方所·천천면 와룡리 일대로 비정되는 천잠소天蠶所·장수읍 대성리 일대로 추정되는 복흥소福興所 등과 함께 모두 남원부의 임내에 속하는 속현이 되었다. 이러한 지방 통치제도는 고려 말까지 지속되다가 공양왕 3년(1391) 장수현과 장계현이 감무관으로 독립되었고, 그 부근의

지도3. 해동지도에 실린 장수현 모습

양악소 등이 두 현의 임내로 이관되었다. 그런데 장수현이 감무관으로 독립되었지만 실제로는 감무가 파견되지 않아 장계현의 감무가 겸임하였다.

≪동여비고東輿備考≫43)에서 살필 수 있듯이, 장수는 조선 초기에 이르러 상당히 큰 변화가 있었다. 조선 태조 1년(1392)에는 일년 전에 단행된 상황이 역전되어 장수현의 감무가 장계현을 다스렸으며, 곧이어 양악소·이방소·천잠소·복흥소 등과 함께 고을 자체

가 폐지되어 장수현의 직촌이 되었다. 즉 삼국시대부터 통일신라시대까지 군이 설치되었고, 고려 때도 현으로 존속되었던 장계현이 없어지고 양악소를 비롯한 4개의 소와 함께 모두 장수현 하나로 통합되었다. 바꾸어 말하면 모든 행정조직과 기능이 장수현으로 일원화되었다.

장수현은 태종 3년(1413) 감무가 현감으로 바뀌고는 조선시대 말까지 별다른 변동이 없었다. 그리고 조선 초기의 계수관제에서는 남원 계수관의 관할이었고, 세조 12년(1466) 이후의 진관제鎭管制에서는 남원 진관에 속하였으며, 왜란과 호란 이후에 별도로 신설된 진영제鎭營制에서도 전라도 좌영에 속하였다. 고종 32년(1895)에 단행된 지방통치제도의 개편 때, 장수현이 장수군으로 되어 남원부南原府에 속했다가, 그 이듬해에는 13도의 설치로 전라북도에 속하게 되었다.

끝으로, 광무 10년(1906)에는 남원군 산서면·번암면이 편입됨으로써 대체로 오늘날과 같은 영역이 형성되었으며, 1970년에는 장수면 대성리에 대성출장소가 설치되었다. 그리고 1979년5월 1일에는 전국의 군청 소재지를 읍으로 바꾸는 조치에 따라 장수면이 장수읍으로 승격되었고, 1993년에는 계내면이 장계면으로 지명이 바뀌었다. 지금은 장수읍長水邑을 비롯하여 산서면山西面·번암면蟠岩面·계남면溪南面·계북면溪北面·장계면長溪面·천천면天川面 등 1읍6개 면으로 구성되어 있다.

---

43) 조선 숙종 4년(1678) 이후에 제작된 것으로 32종의 지도를 한 책으로 묶어 수록한 지도집이다. 동여비고라는 제목은 동국여지승람東國與地勝覽에서 따온 것으로, 동국의 동東자와 여지승람의 여輿자를 취하고 '비고' 라는 명칭은 동국여지승람을 이용하는데 참고가 되는 지도라는 뜻이다. 이 지도에는 장계현이 폐지되고 장수현 하나로 통합된 것으로 나타나 있다.

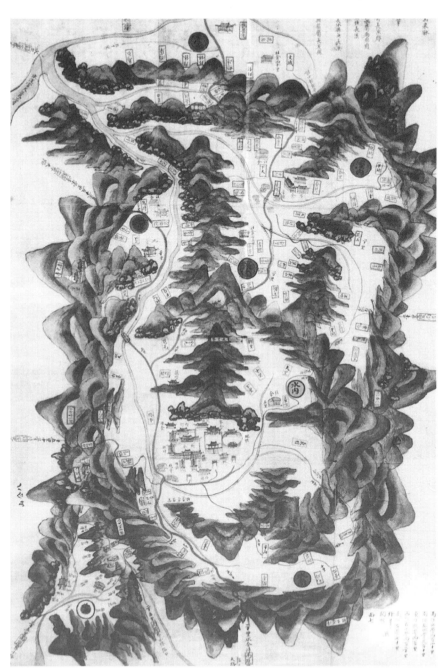

지도4. 1872년에 제작된 장수현 지도

제 3 장 고고분야 유적의 종류와 그 현상

제 3 장
고고분야 유적의 종류와 그 현상

1. 지석묘 / 支石墓

■ 장수읍 노하리 지석묘 A

    장수읍 노하리 판둔마을 김경용씨 집에 1기의 지석묘가 있다. 판둔마을은 봉황산鳳凰山 북동쪽 기슭 끝자락에 자리하고 있는데, 이 마을 북서쪽 가장자리에 김경용씨 집이 있다. 지석묘의 상석이 장독대로 쓰이고 있으며, 상석 바닥에 시멘트를 두텁게 발라 놓아 지석

장수읍 노하리 지석묘 A 현지조사 광경. 현재 상석이 장독대로 쓰이고 있다.

은 보이지 않는다. 상석은 동서로 장축방향을 두었으며, 길이 270cm, 폭 210cm, 두께 80cm 내외이다.

■ 장수읍 노하리 지석묘 B

장수읍 노하리 신기마을과 봉강마을 사이의 밭에 2기의 지석묘가 있다. 이 일대는 봉황산 동쪽 기슭 하단부로 대부분의 지역이 농경지로 개간되었으며, 지석묘는 서로 200m 거리를 두고 있다. 밭 둑에 있는 지석묘는, 판석형의 상석이 두 개의 지석으로 고여 있으며, 길이 145cm, 폭 210cm, 두께 44cm이다. 밭에 입지를 둔 것은, 다듬어지지 않은 괴석형의 상석이 하나의 지석으로 고여 있으며, 길이 350㎝, 폭 230㎝, 두께 115㎝이다. 이들 지석묘는 한결같이 상석의 장축방향을 북쪽으로 흐르는 장수천과 평행되게 남북으로 두었다.

■ 장수읍 수분리 지석묘 44)

장수읍에서 19번 국도를 따라 남원쪽으로 가면 수분치 약간 못미친 곳에 원수분마을이 위치하고 있다. 마을과 국도 사이의 논 둑에 '가마바위' 라고 불리는 1기의 지석묘가 있는데, 몇 년 전 경지정리사업을 실시하면서 흙을 쌓아 놓아 상석의 상단부만 노출되어 있다. 상석의 장축방향은 능선과 평행되게 남북으로 두었으며, 길이 320cm, 폭 210cm, 두께 80cm 내외이다.

■ 천천면 연평리 지석묘군

천천면 연평리 평지마을 김성진씨 집 마당에 2기의 지석묘가 있다. 평지마을은 금강변에 동서로 길게 자리한 마을로, 이 마을 중앙

---

44) 강원종 · 이명엽, 1999, 〈 전북지역 문화유적 지표조사 보고(1) 〉, ≪湖南考古學報≫ 10, 湖南考 古學會, 66쪽.

에 김성진씨 집이 있다. 지석묘는 서로 5m 정도 거리를 두고 있는데, 상석이 깨져 보존상태는 양호하지 않다. 상석은 모두 판석형으로 금강과 평행되게 동서로 장축방향을 두었으며, 지석은 없다. 동쪽에 있는 지석묘는 서쪽에 있는 것보다 상석이 약간 큰데, 그 크기는 길이 300cm, 폭 230cm, 두께 95cm이다.

■ 천천면 삼고리 삼장마을 지석묘 44)

천천면 소재지에서 장수읍으로 가는 도로를 따라 가면 삼고리 삼장마을 입구 못미쳐 도로변에서 오른쪽으로 약 80m 떨어진 밭 가운데에 1기의 지석묘가 자리하고 있다. 상석은 타원형으로 장축 250cm, 폭 180cm, 두께는 60cm 정도 된다. 장축방향은 남에서 북으로 흐르는 하천의 방향과 평행되게 남북으로 두고 있으며, 2개의 지석이 상석을 받치고 있다. 얼마전까지만 해도, 이 지석묘의 주변에는 일렬로 4기의 지석묘가 더 있었다고 전하지만 밭을 경작하면서 모두 파괴되었다고 한다.

■ 천천면 남양리 지석묘

천천면 남양리 돈촌마을 남쪽을 감싸고 있는 지류의 정상부에 1기의 지석묘가 있다. 돈촌마을은 국사봉國思峰에서 남동쪽으로 흘러내린 한 갈래의 지류가 남동쪽을 가로막고 있는데, 그 끝자락에 지석묘가 자리하고 있다. 즉 마을 입구의 좌측에 위치한 지류의 정상부인데, 이 마을로 들어가는 도로에서 남쪽으로 100m 떨어진 곳이다. 상석은 판석형으로 장수천長水川과 평행 되게 남북으로 장축방향을 두었다. 상석의 크기는 길이 234cm, 폭 120cm, 두께 56cm

---

45) 전북향토문화연구회, 1988, 앞의 책, 20쪽.

이며, 상석은 두 개의 지석으로 고여있다.

■ 계남면 침곡리 지석묘군 A[46]

계남면 침곡리 고기마을과 송전마을 중간지점 도로변에 1기의 지석묘가 있다. 즉 고기마을에서 군도를 따라 송전마을로 가면, 이 마을 입구에서 약간 못 미친 도로변 서쪽에 지석묘가 자리하고 있다. 이곳은 계남면과 천천면의 경계를 이루는 법화산法華山에서 동

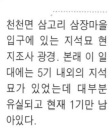
천천면 삼고리 삼장마을 입구에 있는 지석묘 현지조사 광경. 본래 이 일대에는 5기 내외의 지석묘가 있었는데 대부분 유실되고 현재 1기만 남아있다.

쪽으로 뻗어 내린 기슭 끝자락으로 경사가 완만한 구릉지대를 이룬다. 상석은 보존상태가 매우 양호하며, 장축방향은 계남천溪南川과 평행되게 남북으로 두었다. 상석의 크기는 길이 205cm, 폭 165cm, 두께 75cm이며, 그 윗면에는 크기가 다른 10여 개의 성혈이 남아있다. 주변에 지석묘의 상석으로 추정되는 대형 석재가 흩어져 있어, 본래 다른 지석묘가 더 있었을 것으로 추정된다.

---

46) 郡山大學校 博物館, 2000, 앞의 책, 23 · 24쪽.

계남면 침곡리 지석묘 A 현지조사 광경

■ 계남면 침곡리 지석묘군 B 47)

계남면 침곡리 고기마을에서 북서쪽으로 200m 떨어진 곳에 4기
의 지석묘가 무리지어 있다. 고기마을은 법화산 동쪽 기슭 끝자락에
위치하고 있는데, 그 북서쪽에는 동서방향으로 뻗은 지류가 마을을
감싸고 있다. 지류의 정상부에 4기의 지석묘가 남아있는데, 상석이
옮겨지거나 하부구조가 드러날 정도로 보존상태는 양호하지 않다.
그리고 지석묘의 상석으로 추정되는 석재가 흩어져 있어 본래 다른
지석묘가 더 있었을 것으로 추정된다. 하부구조가 드러난 지석묘는
상석이 판석형으로 지석이 없고 장축방향을 동서로 두었으며, 길
이 250m, 폭 180m, 두께 70cm 내외이다.

■ 장계면 명덕리 지석묘군 A

장계면 소재지에서 26번 국도를 따라 가면 명덕리 반송마을 약간

47) 郡山大學校 博物館, 2000, 앞의 책, 24 · 25쪽.

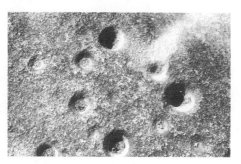

장계면 명덕리 지석묘 B 의 상석에 새겨 놓은 성 혈 모습

못 미친 도로변에 4기의 지석묘가 자리하고 있다. 이곳은 소백산맥 서쪽 기슭 중단부로 지형이 매우 완만하여 대부분의 지역이 농경지로 개간되었다. 지석묘는 밭과 그 둑에 입지를 두고 있는데, 둑에 자리한 3기의 지석묘는 본래 위치에서 얼마간 이동된 것으로 추정된다. 상석의 보존상태가 양호한 지석묘는 두 개의 지석支石이 상석上石을 받치고 있는데, 길이 230cm, 두께 41cm이다.

■ 장계면 명덕리 지석묘 B

장계면 명덕리 원명덕마을 입구 논 속에 1기의 지석묘가 있다. 이 마을은 육십령六十嶺으로 연결되는 동서방향 교통로가 통과하는 곳으로, 육십령에서 발원하여 서쪽으로 흐르는 장계천長溪川을 따라 마을이 형성되었다. 지석묘는 명덕초등학교에서 동쪽으로

계남면 침곡리 지석묘군 B에서 하부구조가 드러난 지석묘

200m 남짓 떨어진 농로 좌측에 자리잡고 있는데, 상석이 땅 속에 파묻혀 지석의 존재여부는 파악되지 않았다. 장계천과 평행되게 동서로 장축방향을 두고 있으며, 상석의 윗면에는 크기가 일정하지 않은 성혈이 선명하게 새겨져 있다. 다른 지석묘의 존재는 파악되지 않았으며, 길이 221cm, 폭 108cm, 두께 72cm이다.

■ 장계면 삼봉리 금정마을 지석묘 48)

장계에서 거창으로 가는 국도를 따라 2km정도 가다보면 삼봉리 금정마을에 한국전력공사의 변전소가 있는데, 이 변전소 건너편 논둑에 위치하고 있다. 즉, 삼봉리 지석묘 A에서 동쪽으로 500m 정도 떨어진 지점에 자리하고 있다. 장축방향은 동서로 두고 있으며, 장축길이는 280cm 폭은 160cm 두께는 60cm 정도 된다. 판석형 상석은 장방형이며, 그 상석 위에는 '長溪負商班首張成雲夫妻積善同事不忘碑'라는 명문이 새겨진 비석이 세워져 있다. 현재 이 지석묘의 주변에는 얼마전 논을 확장하면서 파괴된 5개의 상석이 무질서하게 흩어져 있다. 또한 인접지역의 곳곳에는 최근에 논을 확장하면서 드러난 지석묘의 하부구조로 보이는 돌무더기가 노출되어 있었다.

■ 장계면 삼봉리 노평마을 지석묘군 49)

장계에서 거창으로 가는 국도를 따라 1.5km정도 가다보면 탑동마을로 들어가는 입구의 맞은편 논 가운데에 있다. 이 지석묘는 아래에 두개의 판석형 돌을 세우고 그 위에 장방형의 상석을 올려 놓아 마치 북방식 지석묘와 흡사한 모양을 띠고 있다. 현재 하부구조의 일부만 노출되어 정확한 구조는 파악하기 어렵지만, 양 장벽 사이에 끼웠던

---

48) 전북향토문화연구회, 1988, 앞의 책, 18 · 19쪽.
49) 전북향토문화연구회, 1988, 앞의 책, 19쪽.

단벽은 이미 유실된 것으로 보인다. 장축방향은 하천의 방향과 평행되게 동서로 두고 있으며, 장축길이는 302cm이고 폭은 148cm, 두께는 82cm 정도 된다. 원래 이 일대에는 20여 기 이상의 지석묘가 있었던 것으로 《문화유적총람》의 기록이나 마을 사람들의 증언으로 전하지만, 지금은 단 1기의 지석묘만 남아 있을 뿐이다.

■ 장계면 삼봉리 지석묘군 A

장계면 삼봉리 탑동마을에서 남동쪽으로 350m 떨어진 곳에 1기의 지석묘가 있다. 이곳은 깃대봉 남서쪽에 위치한 '불당골'로 들어가는 입구로, 그 아래쪽에 대전·통영간 고속도로가 지난다. 지석묘는 고속도로에서 동쪽으로 100m쯤 떨어진 밭 둑에 자리하고 있는데, 그 주변에 상석으로 추정되는 석재가 널려 있어 본래 더 있었을 것으로 추정된다. 상석은 두께가 상당히 두꺼운 판석형으로, 동쪽 부분이 약간 깨졌지만 두 개의 지석으로 고여 있다. 능선과 평행되게 동서로 장축방향을 두었으며, 상석의 윗면에는 7개의 성혈이 새겨져 있다. 길이 376cm, 폭 354cm, 두께 76cm이다.

■ 장계면 삼봉리 지석묘군 B

장계면 삼봉리 탑동마을 동쪽 가장자리에 위치한 윤정수씨 집 뒤쪽에 여러 기의 지석묘가 있다. 이곳은 깃대봉 남서쪽 기슭으로 지형이 매우 완만하여 모든 지역이 민묘구역과 밭으로 개간되었다. 지석묘는 밭과 둑에 모여 있는데, 몇 년 전에 농로를 확장하는 과정에 일부 지석묘가 유실되었다고 한다. 상석은 모두 괴석형으로 기슭과 평행되게 동서로 장축방향을 두었으며, 지석은 없다. 지석묘의 상석으로 추정되는 석재가 밭 둑에 쌓여 있으며, 밭에 자리한 지석묘는 길이 180cm, 폭 137cm, 두께 151cm이다.

■ 장계면 삼봉리 지석묘군 C

　장계면 삼봉리 노평마을 최점식씨 집 정원과 밭에 3기의 지석묘
가 있다. 장계면 소재지에서 26번 국도를 따라 거창 방면으로 500m
쯤　가면 노평마을로 들어가는 삼거리가 나오고, 여기서 남쪽으로
50m 더 가면 최점식씨 집이 있다. 이곳은 장계천 북쪽에 펼쳐진 들
판으로서, 장수 삼봉리 북방식 지석묘50)에서 서쪽으로 200m　떨어
진 지점이다. 정원에 위치한 지석묘를 제외하면 다른 지석묘는 상석
이 옮겨지거나 깨진 것으로 추정된다. 그리고 지석으로 추정되는 석
재가 박혀있는 점에서 지석묘의 상석이 유실된 경우도 있을 것으로
보여진다. 정원에 자리한 지석묘는 상석이 괴석형으로 장계천과 평
행되게 동서로 장축방향을 두었으며, 길이 236cm, 폭 147cm, 두께
77cm이다. 정원과 밭에서　무문토기편과 격자문이 타날된 원삼국시
대原三國時代 토기편이 함께 수습되었다.

■ 계북면 매계리 송정마을 지석묘51)

　장계면에서 계북면으로 가는 도로변에서 성정마을로　들어가는
길옆 오른쪽 정미소　주변에 있다. 타원형 평면의 상석은 남북방향
으로 장축을 두고 있으며, 길이 310cm, 폭 140cm, 두께 60cm 이다.
상석 밑에 1개의 지석이 확인된다.

■ 계북면 양악리 지석묘52)

　계북면 양악리 원촌마을 아래 천변에 남방식 지석묘 1기가　있다.
부근에 많은 지석묘가 흩어져 있었을 것으로 보이나 개간으로 훼손

---

50) 全榮來, 1979, 앞의 논문, 37 · 39쪽.
51) 전북향토문화연구회, 1988, 앞의 책, 18쪽.
52) 전북향토문화연구회, 1988, 앞의 책, 18쪽.

되었다.

■ 안성면 공진리 지석묘군

무주군 안성면 공진리 주고리마을 입구와 논 속에 3기의 지석묘가 있다. 행정 구역상으로 지석묘가 무주군에 속해 있지만, 장수군과 무주군의 경계 지점에 위치하고 있으면서 아직 학계에 보고되지 않아 실어 놓았다. 주고리마을 남쪽에는 남덕유산 서쪽 기슭에서 발원한 구량천九良川이 서쪽으로 흐르고 있는데, 구량천은 군계를 이루면서 월성치月城峙로 이어지는 동서방향의 교통로가 통과한다. 마을 입구에 있는 지석묘는 상석이 판석형으로 3개의 지석으로 고여 있으며, 상석의 윗면에는 30여 개의 성혈이 새겨져 있다. 다른 지석묘는 논과 '일신정—新亭' 정자 주변에 있는데, 상석의 보존상태는 비교적 양호한 편이다. 상석의 장축방향은 구량천과 평행 되게 동서로 두고 있으며, 마을 입구에 있는 지석묘는 길이 370cm, 폭 245cm, 두께 53cm이다. 이 마을 주민들은 "오래 전 중장비로 논을 개간하는 과정에 많은 지석묘가 파괴되었다"고 제보해 주었다.

■ 산서면 동화리 등석마을 지석묘군53)

산서면 동화리 등석마을에서 먹굴마을로 농로를 따라 가다보면 오른쪽 논 가운데에 자리하고 있다. 모두 2기가 있는데, 그 중 등석마을 쪽에 있는 것은 평면이 타원형이며, 서남·동북방향에 장축방향을 두고 있는데, 길이 270cm, 폭 180cm, 상석의 두께는 하단부가 묻혀 있어 분명하지 않다. 다른 1기는 장방형 평면으로 남북방향으로 장축을 두고 있으며, 길이 270cm, 폭 130cm, 두께 150cm인

---

53) 전북향토문화연구회, 1988, 앞의 책, 14쪽.

데 상석의 일부가 파손되었다. 1호와 2호의 거리는 15～16m이다.

■ 산서면 동화리 쌍암마을 지석묘군54)

산서면 동화리 쌍암마을 앞에 있는 논가운데에 자리하고 있다. 상기한 등석마을 쪽 지석묘에서 동북쪽으로 약 500m 내외 지점이며 2기가 있다. 그 중 등석마을 쪽의 것은 타원형 평면을 이루며, 서남·동북 방향으로 장축을 두고 있다. 길이 350cm, 폭 220cm 이며 두께 180cm이다. 다른 1기는 10m남짓 사이를 두고 있으며 상석에 '동화 4H' 라고 페인트로 글을 써놓았다. 이 지석묘의 상석은 장방형 평면을 서남·동북 방향에 장축을 두고 있다. 길이 350cm, 폭 250cm, 두께 190cm 이다.

■ 산서면 이룡리 오룡마을 지석묘55)

산서면에서 남원시 보절면으로 가는 도로변에 있는 이룡리 오룡마을의 왼쪽 마을 빨래터 바로 앞 논에 있다. 상석은 평면이 장방형이며 길이 335cm, 폭 125cm이며, 두께 50cm 이다. 상석의 장축방향은 동남·서북방향이며, 지석은 확인되지 않는다.

■ 산서면 신창리 소창마을 지석묘군56)

산서면 신창리 소창마을 서남쪽 끝 산구릉이 농로와 이어지는 곳에 자리하고 있다. 다르게 표현하면 임실군 오수에서 장수군 산서로 가는 도로를 따라 가다가 신창리 대창마을에 들어서기 전에 있는 대창다리에서 소창마을로 가는 농로를 따라 소창마을 쪽으로 가다가

---

54) 전북향토문화연구회, 1988, 앞의 책, 14쪽.
55) 전북향토문화연구회, 1988, 앞의 책, 17쪽.
56) 전북향토문화연구회, 1988, 앞의 책, 17쪽.

농협창고와 마을 모정이 있는 바로 뒤쪽에 해당된다. 모두 6기가 자리하고 있는데 지석이 확인되는 것과 확인되지 않는 것이 섞여있다.

■ 산서면 백운리 신흥마을 지석묘 A 57)

산서면 백운리 마하리에서 신흥마을로 가는 도로를 따라 가다가 동고저수지에서 내려오는 물과 신흥마을에서 내려오는 물이 합류하는 곳에 있는 시멘트 다리의 주변 논 가운데 있다. 지석묘가 있는 논을 속칭 '부처뱀이' 라고 하는데, 지석묘의 상석에 남근석이 올려져 있었고, 그것을 부처라고 하였다는 데에서 유래하였다고 한다. 또 지석묘 주변에는 보다 많은 지석묘가 있었는데, 경작에 불편하여 파괴하였다고 한다. 상석은 평면 타원형이며 서남 · 동북방향으로 장축을 두고 있으며, 길이 220cm, 폭 160cm , 두께 70cm이다.

■ 산서면 백운리 신흥마을 지석묘군 B 58)

상기한 A군에서 원평마을 쪽으로 50m 남짓한 곳에 자리하고 있는 지석묘군으로 무지석식 5기가 자리한다.

■ 산서면 백운리 신흥마을 지석묘군 C 59)

상기한 B군 지석묘에서 50m 남짓한 곳에 자리하고 있으며 같은 논에 속한다. 4기 중 3기는 경작을 위하여 상석을 묻은 탓으로 확인이 어려우며 1기는 평면 타원형으로 길이 260cm, 폭 120cm, 두께 50cm이며, 동서방향으로 장축을 두고 있다.

---

57) 전북향토문화연구회, 1988, 앞의 책, 15쪽.
58) 전북향토문화연구회, 1988, 앞의 책, 16쪽.
59) 전북향토문화연구회, 1988, 앞의 책, 16쪽.

■ 산서면 백운리 월평마을 지석묘군 (60)

산서면 백운리 월평마을에서 속칭 '돈돌막' 혹은 '돈돌멕이' 라고
부르는 곳에 있으며, 주변에 한채의 민가가 있으며, 민가 넘어에는
민묘가 있는데, 이 민묘 주변에 자리한다. 모두 7기가 자리하고 있
는데 무지석식과 지석이 있는 것이 섞여있다.

■ 산서면 학선리 용전마을 지석묘군 (61)

산서면 학선리 용전마을의 서쪽 끝에 위치하는 것으로 쌍암마을
과 용전마을로 가는 진입로가 삼거리를 이루는 곳을 중심으로 원형

산서면 학선리 압곡마을
지석묘. 90년대 농지정
리사업을 진행하면서 대
부분의 지석묘가 유실되
고, 현재 산서면 동화리
압독마을 입구에 1기만
외롭게 남아있다.

으로 분포되어 있다. 주변에는 이들 상석외에 더 많은 지석묘가 존
재하였던 듯 석괴들이 파괴된 상태로 산재하고 있다. 무지석식으로
5기가 남아있다.

_____

60) 전북향토문화연구회, 1988, 앞의 책, 16 · 17쪽.
61) 전북향토문화연구회, 1988, 앞의 책, 14 · 15쪽.

■ 산서면 학선리 압곡마을 지석묘[62]

학선리 용전마을에서 도로를 따라 압곡마을로 가다보면 마을 어귀의 논 속에 위치하고 있다. 상석의 일부는 논 둑에 묻혀 있으며, 상석의 하단에는 잡석으로 채워져 있다. 상석의 형태는 오각형으로 장축 321cm, 폭 296cm, 두께 98cm이다. 장축방향은 동에서 서쪽으로 흐르는 하천의 방향과 동일하게 동서로 두고 있으며, 모두 3개의 지석이 보인다. 이 지석묘의 주변지역에는 여러 기의 지석묘가 더 있었으나 92년도에 경지정리사업을 실시하면서 모두 파괴해 버렸다고 한다.

■ 산서면 마하리 지석묘 A

산서면 소재지에서 719번 지방도를 따라 장수읍 대성리 방면으로 가면 비행기고개가 시작되는 곳에 원홍마을이 있는데, 마을 입구에 1기의 지석묘가 있다. 상석은 둘로 쪼개져 있으나 복원하면 정방형에 가깝고, 상석 윗면에는 지름 4·10cm 크기의 성혈이 25·30개 정도 새겨져 있다. 상석의 장축방향은 계곡과 일치되게 동서로 두었으며, 지석은 보이지 않는다. 상석 윗면의 가장자리 동·서·남쪽에는 상석을 채석할 때 생긴 것으로 추정되는 홈이 있으며, 상석의 크기는 길이 250cm, 폭 225cm, 두께 80cm이다.

■ 산서면 마하리 지석묘군 B

산서면 마하리 원홍마을 북쪽에 위치한 원홍사元興寺 서쪽 개간된 밭에 5기의 지석묘가 있다. 이들 지석묘는 2·3m 내외의 간격을 두고 2열로 분포되어 있는데, 상석 아래에 비닐이 끼여 있어 얼마간

---

62) 전북향토문화연구회, 1988, 앞의 책, 15쪽.

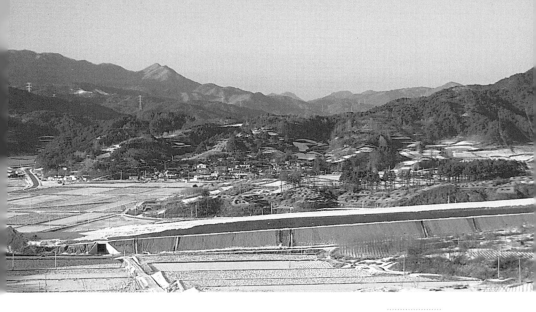

옮겨진 것도 있을 것으로 여겨진다. 지석은 확인되지 않았으며, 상석이 가장 큰 것은 길이 210cm, 폭 150cm, 두께 50cm이다.

2. 고분/古墳

▣ 장수읍 선창리 고분군 A

싸리재에서 장수읍 복판까지 뻗은 지류의 북서쪽 기슭 끝자락에 음선마을이 있다. 현재 이 마을 뒤쪽에서는 장수읍과 장계면을 연결해 주는 국도 19호 확·포장공사가 한창 진행 중이다. 이 마을 주민들의 제보에 의하면, "도로공사가 진행 중인 남서쪽 기슭에는 서로 250m 간격을 두고 1기씩의 고름장이 있었고, 이들 고름장은 해방 직후 도굴의 피해를 입어 20여 년 전까지만 해도 사람들이 그 안으로 들어갈 수 있었다"고 한다. 그리고 "고름장 속으로 들어가는 부분은 상당히 좁고, 그 내부는 담장처럼 돌로 벽석을 쌓고 그 위에 개석을 올려놓았다"고 전한다.

■ 장수읍 선창리 고분군 B

장수읍 북쪽을 감싸고 있는 능선의 정상부에 싸리재가 있다. 싸리재는 장수읍과 장계면을 연결해 주는 통로로, 그 정상부에서 장수천長水川까지 동서방향으로 뻗은 지류의 남서쪽 가장자리에 양선마을이 있다. 이 마을은 남쪽 기슭을 따라 동서로 길게 조성되어 있는데, 그 중앙에는 조선 초 명상 황희黃喜를 배향하는 창계서원滄溪書院[63]이 있다. 서원이 자리한 지류와 그 양쪽의 지류에서는 격자문과 승석문이 타날된 원삼국시대 토기편과 회청색 경질토기편이 혼재된 상태로 수습되었다. 토기편은 지류의 정상부와 양쪽 기슭에 집중적으로 분포되어 있는데, 그 범위는 동서길이 250m, 남북폭 100m 내외이다. 그런데 지류의 정상부와 기슭에서 석재가 전혀 발견되지 않고 토기의 속성으로 보아, 이 일대에는 토광묘土壙墓와 관련된 고분이 자리하고 있을 것으로 추정된다. 그 가능성은 경작 중에 우연히 수습된 토기를 통해서도 입증되었다. 이 마을에 거주하는 배광순씨는 1999년 봄 밭을 갈다가 나온 한 점의 단경호를 집에 보관하고 있었는데, 그 기형이나 속성이 소백산맥 동쪽의 토광묘 출토품과 상통한다.

■ 장수읍 노하리 고분군 A

장수읍 소재지에서 719번 지방도를 따라 천천면 방향으로 가다 국도와 금강이 교차하는 왕대교를 지나면 바로 좌측에 왕대마을이 있다. 왕대마을은 장수읍을 바라보고 동서방향으로 길게 자리하고 있다. 마을 뒤에는 봉황산에서 뻗어 내린 지류의 끝자락이 구릉을

---

63) 조선 숙종 21년(1695) 창건되었다가 고종 5년(1868) 대원군의 전국 서원 철폐령에 의해 훼철되었다. 그 뒤 1958년 이 지방 유림들에 의해 복설되어 오늘에 이르고 있다.

형성하고 있는데 이곳에 고분군이 위치한다. 그러나 대부분이 논으로 개간되었고 단지 구릉의 끝자락에만 일부 밭이 경작되고 있을 뿐이다. 밭에는 현재 석곽으로 보이는 유구가 드러나 있고 밭과의 경계에는 고분의 석재로 사용된 것으로 보이는 돌들이 쌓여 있다. 이곳에서 상당량의 토기편들이 수습되었는데 대부분 삼국시대에 해당되는 회청색 경질토기와 적갈색 연질토기이다. 특히 밀집파상문이 시문된 토기편과 방형투창이 뚫린 고배편이 수습되어 어느 정도 고분의 성격을 가늠할 수 있게 한다. 마을사람들의 증언에 의하면, "이 구릉은 '고름장터'로 불리었고 이로 인해 엄청난 도굴행위가 빈번히 이루어졌으며, 1970년대에는 이 일대를 논으로 개간하면서 대부분이 파괴되었다"고 한다.

■ 장수읍 노하리 고분군 B

새터마을에서 북서쪽으로 300m 떨어진 남쪽 기슭에 고분이 자리하고 있다. 이러한 사실은 새터마을 주민의 제보를 통해 드러났는데, "지금부터 20여 년 전 이 일대에서 사방사업을 하던 중 돌로 만든 고분 속에서 청자접시와 청동으로 만든 숟가락이 나왔었다"고 한다.

■ 장수읍 노하리 고분군 C

장수읍 서쪽에 우뚝 솟은 봉황산鳳凰山 동쪽 기슭 끝자락에 봉강마을이 있다. 이 마을에서 서쪽으로 250m 떨어진 동쪽 기슭 중단부에는 몇 년 전까지만 해도 여러 기의 고분이 노출되어 있었다고 한다. 이러한 사실은 봉강마을 주민의 제보를 통해 확인되었는데 "이 일대가 과원조성지역으로 개발하는 과정에 고름장이 훼손되어 그 흔적을 찾을 수 없다"고 하였다. 아직도 개간사업이 이루어지지 않은 지역을 대상으로 집중적인 지표조사를 실시하여 고분의 벽석으로 추정되는 할석이 노출된 사실만을 확인하였다.

■ 장수읍 노곡리 고분군 A

장수읍 소재지에서 남서쪽에 있는 교촌교를 지나 742번 지방도에 들어서기 전에 좌측으로 노곡 제2교가 있다. 이 다리를 지나 북동쪽으로 계속 가다보면 노곡리가 나온다. 신리마을은 계남면과 경계를 이루는 피나무재와 가잿재가 있는 비교적 험준한 산에 둘러싸여 있는데 노곡리 고분군 A는 마을에서 북쪽에 위치하는 지류의 하단부에 위치하고 있다. 이곳은 마을 주민들에 의해 고름장골이라 불리는 곳으로, 마을 뒤쪽으로 난 농로의 끝에서 좌측에 위치한 밭을 지나 개울을 건너면 골짜기로 올라가는 소로가 있다. 이를 따라 약 30m 남짓 올라가면 개석 모두가 파헤쳐진 석곽묘가 드러나 있다. 석곽묘는 장축방향이 등고선과 직교하는데 가로쌓기한 벽석이 5단 이상 남아있다. 개석은 주위에 흩어져 있으며 바닥에도 박혀있다. 벽석의 가구상태와 규모 등으로 볼 때 고려시대 횡구식 석곽묘로 추정된다.

■ 장수읍 노곡리 고분군 B

장수읍 소재지에서 남서쪽에 있는 교촌교를 지나 742번 지방도에 들어서기 직전 좌측으로 노곡 제2교가 있다. 다리를 지나 북동쪽으로 계속 가다보면 좌측에 노곡리 중리마을이 있다. 중리마을 뒤쪽으로는 피나무재로 이어지는 임도를 따라 계속 올라가다 중턱쯤에 이르면 갈대밭이 나온다. 여기에서 동쪽으로 10m 정도 가면 계곡이 나오고, 이를 건너면 신리와 중리 사이로 뻗어 내린 지류의 서쪽 기슭에 다다르는데 여기에 노곡리 고분군 B가 자리하고 있다. 6기

이상의 고분이 확인되었
는데 모두 장대석의 개
석을 덮었으나 내부구조
는 확인이 불가능하였
다. 고분의 장축방향은
모두 등고선과 직교되게
두었다.

상 / 장수읍 동촌리 고분
군 전경. 사진 상단부가
동촌리 고분군이며, 우
측 중단부가 40여 기의
고총이 밀집된 두산리
고총군이다.

하 / 도굴로 개석이 드러
난 동촌리 횡혈식 석실
분 현지조사 광경

■ 장수읍 노곡리 고분군 C

　노곡리 밤실마을에서 동쪽으로 300m 떨어진 남서쪽 기슭에 유적
이 자리하고 있다. 이 마을에서 시멘트로 포장된 농로를 따라 250m
가면 대규모 사과재배단지로 조성된 '동부농원'이 나온다. 이 농원
주인의 증언에 의하면, "현재 사과농장으로 개간된 남서쪽 기슭에
는 20여 년 전 도굴로 내부가 드러난 여러 기의 고름장이 있었다"고
한다. 지표조사 때 사과농장에서 유구의 흔적을 발견하지 못했지만,
사과농장에서 동쪽으로 20m 떨어진 남쪽 기슭에 고분의 벽석으로
추정되는 장방형 할석이 상당량 노출된 사실만을 확인하였다. 사과
농장에서 기벽이 두꺼운 회청색 경질토기편, 분청사기편과 백자편
이 혼재된 상태로 수습되었다.

■ 장수읍 동촌리 고분군

동촌마을에서 시멘트로 포장된 도로를 따라 동쪽으로 350m 떨어진 곳에 '장수수양원'이 있다. 수양원 북쪽에는 서쪽으로 흐르는 개천을 사이에 두고 동서방향으로 길게 흘러내린 한 갈래의 지류가 있는데, 그 남쪽 기슭에 고분이 자리하고 있다. 여기에 분포된 고분은 대체로 석실에 연도羨道가 달린 횡혈식橫穴式 석실분石室墳으로, 그 분포 범위는 동서길이 200m 내외이다. 고분은 극심한 도굴과 민묘구역 조성으로 심하게 훼손된 상태이며, 그 중에서 남쪽 기슭 끝자락에는 농수로를 만들면서 연도부가 잘려나가 석실의 내부가 노출된 석실분도 있다. 유구가 노출된 고분만도 30여 기에 이르며, 이들 고분은 대체로 기슭과 일치되게 남북으로 장축방향을 두었다. 동촌마을 주민들은 이곳을 '몰메똥'이라 부르고 있는데, "지금부터 20여 년 전부터 오랜 기간 동안 대규모의 도굴행위가 이루어졌다"고 제보해 주었다. 이 유적은 장수읍 일원에서 조사된 고분과 관련된 유적 중 다수의 횡혈식 석실분이 발견되었다는 점에서 큰 관심을 끌었다.

■ 장수읍 두산리 고총군

마봉산馬峰山에서 한 갈래의 능선이 장수읍 동촌리와 두산리의 경계를 이루면서 장수읍 소재지까지 뻗어 내렸다. 능선은 가파른 기슭을 이루며 흘러내리다가 하단부에 이르러서 완만한 지형으로 바뀌게 되는데, 그 양쪽으로 여러 갈래의 지류가 갈라졌다. 이 마을의 남쪽을 감싸고 있는 능선과 북쪽으로 갈라진 지류의 정상부에 고총이 입지를 두고 있는데, 그 중 북쪽으로 뻗은 지류의 정상부에 주로 밀집되어 있다. 고총이 사방에서 훤히 보이는 정상부에 입지를 두고 있는 속성은 소백산맥 동쪽에서 조사된 가야계 고총高塚과 상통

한다. 봉토는 도굴의 피해를 입어 심하게 훼손된 상태이며, 그 규모
는 직경 5m 이상부터 20m 내외로 매우 다양하다. 모두 40여 기의
고총은 다섯 개 지구에 분포되어 있는데, 그 내용을 지구별로 살펴
보면 아래와 같다.

1) 가지구

고총이 분포된 다섯 갈래의 지류 중 가장 동쪽에 위치한 곳으로
두산리와 동촌리를 연결해 주는 도로의 동쪽에 해당된다. 고총은
북쪽으로 뻗은 지류의 정상부에 입지를 두었는데, 지류의 하단부가

밭이나 민묘구역으로 조성되면
서 일부가 유실되었을 것으로
보인다. 현재 밭 둑에는 고분에
서 빼낸 벽석으로 추정되는 천
석과 할석이 상당한 높이로 쌓
여있으며, 이 곳에서는 고총이
발견되지 않았다. 봉토의 직경
이 10m 내외되는 8기의 고총은 남북길이 120m 범위 내에 분포되어
있다. 유물은 밭과 민묘 구역으로 조성된 지역에서 개배편, 기대편,
단경호편, 장경호편, 적갈색 심발형토기편 등 고령양식의 토기편이
다량으로 수습되었다.

2) 나지구

동서로 뻗은 능선과 직교되게 남북으로 개설된 도로 서쪽에 인접
된 곳으로 모두 6기의 고총이 자리하고 있다. 능선의 정상부에는 2
기가 있고 북쪽으로 갈라진 지류의 정상부에는 4기가 있으며, 도로
가 이미 개설된 능선의 정상부에도 본래 고총이 있었을 것으로 추정
된다. 능선의 정상부에 입지를 둔 2기의 고총은 도굴과 민묘구역을
조성하면서 심하게 훼손되어 봉토의 규모나 형태조차 파악하기가
어려운 상황이다. 봉토 사이에는 일정한 거리를 두어 독립성이 강
조된 양상을 보인다. 봉토의 규모는 직경 10m 내외이며, 정상부에
는 양쪽에 두 개 이상의 도굴 구덩이가 남아있다. 유물은 수습되지
않았다.

3) 다지구

중앙에 위치한 지류로 동촌마을까지 뻗어 내린 지류의 정상부에

모두 10여 기의 고총이 자리하고 있다. 지류의 중앙에는 봉토의 직경이 20m 내외되는 대형 고총이 있고, 위쪽과 아래쪽에도 직경이 10m 이상되는 고총이 자리하고 있다. 능선의 정상부에서 25m 구간에서는 고총이 발견되지 않았는데, 그것은 농장을 조성하면서 훼손된 것과 관련이 있을 것으로 추정된다. 그리고 지류의 끝자락에도 벽석이나 개석으로 추정되는 할석과 장방형의 석재가 광범위하게 산재되어, 이 일대의 고총도 유실되었거나 훼손되었을 것으로 추정된다. 봉토는 평면형태가 대체로 원형을 띠고 있으며, 보존상태도 가장 양호하며, 봉토 사이에는 얼마간의 거리를 두었다. 봉토의 정상부에는 양쪽에 두 개 이상의 도굴 구덩이가 남아있으며, 봉토 사이에 위치한 소형 석곽묘도 도굴되었다. 유물은 밭으로 개간된 서쪽 기슭과 지류의 하단부에서 고령양식의 개배편과 장경호편이 일부 수습되었다.

4) 라지구

'다' 지구의 지류와 평행되게 서쪽에 위치한 곳으로, 742번 지방도까지 뻗어 내린 지류의 정상부에 5기 이상의 고총이 자리하고 있다. 고총은 서로 20m 내외의 상당한 거리를 두고 있는데, 본래 봉토 사이에는 소형 고총이나 석곽묘가 있었을 것으로 보인다. 봉토는 벽석이 지표에 드러날 정도로 심하게 훼손되었다. 이 일대가 농장구역에 속해 농장을 개발하거나 운영하는 과정에 유구가 유실 내지 훼손된 것과 밀접한 관련이 있을 것으로 보인다. 이처럼 봉토가 심하게 훼손되었지만, 고총의 기수와 규모는 '다' 지구에서 조사된 것과 큰 차이가 없을 것으로 여겨진다. 봉토는 평면형태가 거의 원형을 띠고 있으며, 직경은 대체로 15m 내외이다. 유물은 밭으로 개간된 동쪽 기슭 끝자락에서 밀집파상문이 시문된 회청색 경질토기편이 일부 수습되었다.

5) 마지구

'라' 지구의 상단부에서 한 갈래의 지류가 갈라져 도로까지 뻗어 내린 곳이 여기에 해당된다. 지류의 정상부에는 3기의 고총이 남아 있으며, 이미 밭으로 개간된 하단부에도 다른 고총이 더 있었을 것으로 추정된다. 그 이유는 이미 밭과 민묘구역으로 조성된 하단부에 벽석으로 추정되는 상당량의 석재가 민묘 내지 밭의 축대를 쌓는데 사용되었기 때문이다. 그리고 개석이 유실되어 내부가 드러난 고분과 벽석의 바닥부분만 보존된 여러 기의 석곽묘가 자리하고 있는 점에서도 입증된다. 고총은 서로 일정한 거리를 두고 있으며, 봉토의 정상부에는 역시 두 개 이상의 도굴 구덩이가 남아있다. 유물은 지류의 하단부에서 개배편과 기대편, 고배편, 장경호편, 양이부 발, 심발형토기편 등 고령양식의 토기류가 상당량 수습되었다.

■ 장수읍 두산리 고분군 A

장수읍 남동쪽에 위치한 마봉산 서쪽 기슭 끝자락에 두산마을이 있다. 마을에서 동쪽으로 200m 떨어진 서쪽 기슭 중단부에는 도굴로 개석이 유실되어 그 내부가 드러난 2·3기의 고분이 자리하고 있다. 이들 고분은 내부가 흙과 낙엽으로 가득 채워져 내부구조가 상세하게 파악되지 않았지만, 벽석의 폭이 넓고 기슭과 일치되게 장축방향으로 두어 일단 횡혈식 석실분으로 추정된다. 주변 지형이 완만하고 도굴된 고분들이 상당한 거리를 두고 있어 다른 고분이 더 있을 것으로 추정된다.

■ 장수읍 두산리 고분군 B

마봉산 남쪽 기슭 중단부에는 도굴로 내부가 훤히 보이는 고분이
자리하고 있다. 두산마을에서 남동쪽으로 500m 쯤 떨어진 곳으로,
이 일대는 구전으로 안장봉, 투구봉, 장검봉, 말시암 등의 전설이 전
해지는 곳이다. 투구봉에서 동쪽으로 100m 떨어진 남쪽 기슭에는
할석을 가지고 벽석을 쌓고 기슭과 일치되게 남북으로 장축방향을
둔 한 기의 고분이 노출되어 있는데, 그 구조가 횡구식으로 추정된
다. 그리고 주민들은 "몇 년 전 나무를 베기 전까지만 해도 여러 기
의 고분이 드러나 있었는데, 나무를 운반하는 길을 만들면서 일부
고름장이 훼손되었다"고 제보해 주었다. 지형이 완만하고 고분의
벽석으로 여겨지는 할석이 여기저기 노출되어 있는 것으로 보아 다
른 고분이 더 있을 것으로 판단된다.

장수읍 두산리 고분군이
자리한 마봉산 전경. 이
산에는 지금도 안장봉,
투구봉, 장검봉, 말시암
등의 전설이 전해진다.

■ 장수읍 송천리 고분군 A

장수읍 서쪽에 위치한 봉황산鳳凰山 남쪽 기슭 끝자락에 원송천
마을이 있다. 마을에서 북동쪽으로 450m 떨어진 장수화훼단지 위쪽

에 개석이 유실되어 내부가 약간 드러난 고분이 있다. 고분은 할석과 천석을 가지고 벽석을 쌓고 그 위에는 개석을 올려놓았으며, 유구의 장축방향은 남동쪽 기슭과 일치되게 남북으로 두었다. 이 마을 주민들은 "장수화훼단지가 들어선 일대에도 고름장이 있었는데, 몇 년 전 실시된 토목공사로 인해 모두 유실되었다"고 제보해 주었다.

■ 장수읍 송천리 고분군 B

원송천마을 남쪽에 펼쳐진 구릉지대에 고분이 자리하고 있다. 두 갈래의 지류가 합쳐져 형성된 구릉지대는 들판과 인접되어 있을 정도로 입지가 좋아서 모든 지역이 민묘구역이나 밭으로 개간되었다. 토기편은 지형이 완만한 남쪽 기슭에서 집중적으로 수습되었는데, 원삼국시대 토기편과 회청색 경질토기편, 옹관편 등 종류가 다양하며, 회청색 경질토기편 중에는 밀집파상문이 시문된 고령양식 토기편도 섞여있다. 그리고 분청사기편과 백자편, 기와편도 일부 포함되어 있다. 남쪽 기슭에는 고분의 벽석으로 추정되는 천석이 밭과 민묘구역의 경계에 쌓여있거나 밭에 노출되어 있는 것도 적지 않다. 이곳은 지형적인 잇점이나 유물의 조합상을 근거로 추론한다면, 서로 시기적인 선후관계가 다른 분묘유적이나 생활유적이 혼재된 대

장수읍 송천리 고분군 전경. 밀집파상문이 시문된 다양한 기종의 가야토기편이 다량으로 수습된 장수읍 송천리 고분군 전경이다.

규모 복합유적으로 볼 수 있다.

■ 장수읍 송천리 고분군 C

송천리 진다리마을 북서쪽을 감싸고 있는 남동쪽 기슭 중단부에 1
기의 고분이 노출되어 있다. 이곳의 고분은, "지금부터 20여 년 전에
도굴로 개석이 움직여서 내부가 훤히 들여다보이는 고름장이 여러
개 있었는데, 지금은 대부분 땅에 묻히거나 없어지고 하나만 남아있
다"는 주민들의 제보를 통해 드러났다. 지표조사 때 고분의 벽석으로
추정되는 석렬만 일부 확인되었다. 고분이 험준한 중단부에 위치하
고 기슭과 일치되게 장축방향을 둔 점으로 보아 여기에 있었던 고분
들은 대체로 고려시대 때 조영된 횡구식 석곽묘로 추정된다.

■ 장수읍 송천리 고분군 D

장수읍 소재지 남쪽에는 장수천까지 맞닿은 타관산他官山이 있
고, 그 북동쪽 기슭 끝자락에 구락리마을이 있다. 마을 사람들의 제
보에 의하면, "얼마전까지만 해도 마을에서 남쪽으로 250m 떨어
진 동쪽 기슭 중단부에는 도굴로 그 내부가 드러난 고려장이 있었
다"고 하였다. 그리고 "마을 뒤쪽에도 돌로 쌓은 여러 기의 고려장
이 있었는데, 지금은 흙과 낙엽으로 채워져 그 위치를 알 수 없다"
고 하였다.

■ 장수읍 수분리 고분군

수분령 휴게소에서 북동쪽으로 150m 쯤 떨어진 동쪽 기슭 끝자락
에 2기의 고분이 있었다고 한다. 이러한 사실은 원수분마을 주민들
의 제보를 통해 확인되었는데, 이 일대가 이미 밭으로 개간되어 유
구의 흔적을 발견하지 못했다. 비록 유구의 흔적이 확인되지 않았지

만, 수분치[64]는 금강과 섬진강을 직접 연결해 주는 남북방향의 교통로가 통과하는 길목을 이루고 있기 때문에, 주변에는 다른 고분이 더 있을 것으로 추정된다.

■ 장수읍 용계리 고분군 A

장수읍에서 19번 국도를 타고 남쪽으로 가면 719번 지방도로 갈라지는 삼거리가 나온다. 여기에서 719번 지방도를 타고 가면 용계리 안양마을에 이른다. 마을은 동서에 자리한 타관산과 팔공산으로 연결되는 지류들로 둘러 쌓여 있다. 타관산 북서쪽 기슭에 용계리 고분군 A가 자리하고 있다. 안양마을 주민들의 증언에 의하면, "길다란 판석형 석재로 뚜껑을 덮었고, 네 벽은 보다 작은 돌로 여러 단 쌓았으며, 수십 년 전에는 마을 사람들이 두껑돌을 마을로 옮겨와 빨래터나 개울에 얹어 다리로 사용했다"고 한다.

■ 장수읍 용계리 고분군 B

타관산은 세 개의 봉우리로 이루어져 있는데, 그 중앙에 위치한 봉우리 남쪽 기슭에 용계리 고분군 B가 자리하고 있다. 유구의 흔적은 찾아볼 수 없고, 주민들의 제보에 의하면, "용계리 고분군 A와 마찬가지로 네 벽과 개석이 돌로 이루어진 무덤으로 오래 전에 도굴되었으며, 상당한 시간이 흘러 지금은 매몰되었다"고 한다.

■ 장수읍 용계리 고분군 C

안양마을에서 대성리로 가는 719번 지방도를 따라 가면 팔공산 동쪽 기슭에 위치한 팔성사로 들어가는 입구가 나온다. 여기서 다시

---

[64] 금강과 섬진강의 발원지이다.

장수읍 대성리 고총 근경. 아직까지 유물이 수습되지 않아 그 축조시기와 성격을 상세
하게 살필 수 없다.

대성리 고총 현지조사 광경. 봉토의 직경이 10m 이상되는 고총으로 팔공산에서 남서
쪽으로 지류 정상부에 입지를 두고 있다.

지방도를 따라 약 1㎞ 쯤 더 가면 도로 아래쪽에 용계리 고분군 C가 자리하고 있다. 이곳은 팔공산에서 남동쪽으로 뻗어 내린 지류의 하단부에 해당된다. 안양마을 주민들의 제보에 의하면, "용계리 고분군 B와 마찬가지로 지금은 전혀 흔적을 찾아볼 수 없다"고 하였다. 주민의 증언과 여러 가지 정황으로 미루어 볼 때 고분의 구조는 석실분으로 추정된다.

▣ 장수읍 대성리 고총군

장수읍 대성리 필덕마을에서 북동쪽으로 300m 남짓 떨어진 곳에 유적이 있다. 이곳은 팔공산에서 필덕제까지 뻗어내린 지류의 하단부로서, 그 정상부에는 봉토의 직경이 10m 내외되는 2기의 고총이 자리하고 있다. 봉토 가장자리에는 호석이 돌려지고, 남쪽에 위치한 고총에는 석렬과 개석이 드러나 있으며, 양쪽 모두 도굴갱이 있다. 고총 주변에 고분의 벽석으로 추정된 판석형 석재가 널려 있는 점에서 다른 고분이 더 있을 것으로 추정된다. 즉 봉토의 규모가 작은 고총이 더 있을 것으로 추정되고 있으며, 유물은 회청색 경질토기편이 수습되었다.

▣ 장수읍 대성리 고분군 A

팔공산 남쪽 기슭에 유적이 입지를 두고 있다. 고분은 동쪽으로 자고개부터 서쪽으로 필덕마을까지 광범위한 지역에 걸쳐 산재되어 있으며, 현재 잡목과 잡초가 우거져 유구의 흔적을 찾기는 쉽지 않다. 고분이 자리하고 있다는 사실은 금평마을 주민들의 제보를 통해 드러났는데, "여기서 도굴이 무척 성행할 정도로 고분이 많았으며, 고분은 돌로 벽석을 쌓고 그 위에 뚜껑돌을 덮어 놓았다"고 하였다.

■ 장수읍 대성리 고분군 B

대성리 금평마을 동쪽에 식천리로 들어가는 삼거리가 있다. 삼거리에서 두 길이 갈라지는 사이에는 합미산에서 뻗어 내린 남쪽 지류의 끝자락에 대성리 고분군 C가 있다. 고분은 2기 정도 확인되었는데, 오래 전에 파헤쳐져 원래의 모습을 파악할 수 없을 정도로 석재가 흩어져 있었다. 대성마을 주민들의 제보의 의하면, "고름장은 남북으로 안대(장축방향)를 두었으며, 지류의 정상부에서도 많은 고름장이 도굴되었는데, 지금은 흔적을 찾을 수 없다"고 하였다.

■ 천천면 춘송리 고분군

침곡리산성 서쪽 기슭 하단부에 봄골마을이 있다. 마을에서 농로를 타고 남동쪽으로 1.2km 남짓 가면 동서로 뻗은 지류의 남쪽 기슭에 고분이 자리하고 있다. 고분이 있다는 사실은, "이 일대에서 돌로 쌓은 두세 기의 고름장을 보았다"는 봄골마을 주민들의 제보를 통해 확인되었다. 그간의 지표조사에서 유구의 흔적을 발견하지 못했지만, 지형이 완만한 남쪽 기슭에 고분의 벽석으로 추정되는 할석이 노출되어 있는 점으로 보아, 이 일대에는 고분이 자리하고 있을 것으로 여겨진다.

■ 천천면 봉덕리 고분군 A

봉덕리 고금마을은 천천면 소재지에서 719번 지방도를 타고 장수읍 쪽으로 가다 첫 번째 만나는 마을이다. 마을로 통하는 포장도로를 따라 양쪽에 마을이 들어서 있고 마을 뒤, 즉 북서쪽에는 옥녀봉에서 뻗은 능선이 마을을 감싸고 있다. 유적은 두 갈래로 뻗은 능선 가운데 북쪽에 해당되는 능선의 남쪽 기슭에 위치한다. 주민의 증언에 의하면, "이곳을 밭으로 개간하기 위해 작업을 하던 중 회청색 경질토기완 2점 이상 나왔으나 몇 년전 고물상에게 넘겨주었다"고 한다.

■ 천천면 봉덕리 고분군 B

천천면 소재지에서 장수읍 방향으로 719번 지방도를 타고 1km 가량 가면 우측에 검덕마을이 자리한다. 마을에서 남쪽으로 1km 남짓 거리에는 삼고리 고분군으로 알려진 삼장마을이 위치하고 있다. 검덕마을과 삼장마을 사이에는 해발 444m의 지류가 동서방향으로 있는데, 이 산 전체가 봉덕리 고분군 B에 해당된다. 잡목과 낙엽으로 인하여 단지 1기의 파괴분만 확인되었으나 주민들의 증언에 의하면 적지 않을 것으로 보인다. 파괴분은 남쪽 기슭에서 발견되었는데 동쪽 8부 능선을 따라 난 임도를 개설하는 과정에 파괴되어 드러나 있었다. 고분은 약간의 봉토가 남아있었으며, 임도의 양쪽 절단면에서 석재가 보이는 것으로 보아 고분의 중앙을 임도가 관통했을 가능성이 높다. 현재 확인되는 석곽의 길이는 270㎝ 정도이며, 양쪽 장벽은 가로쌓기 되었는데 2·3단이 확인되었다. 석재는 할석과 천석을 혼용하였고, 기슭과 평행되게 길이를 두고 있었다.

■ 천천면 삼고리 고분군 A

삼장마을 북쪽을 감싸고 있는 지류의 정상부와 남쪽 기슭에 많은 고분이 밀집되어 있다. 1995년 군산대학교에서 발굴비를 지원해주어 순수한 학술발굴 차원에서 두 차례의 발굴조사[65]가 이루어졌다. 여기서 조사된 20여 기의 수혈식 석곽묘는 유적의 입지, 벽석의 축조방법, 유물과 조합상이 소백산맥 동쪽에서 조사된 가야고분과

---

65) 郭長根·韓修英, 1997, ≪長水 三顧里 古墳群≫, 群山大學校 博物館.

천천면 삼고리 고분군 전경. 성수산에서 동쪽으로 들판의 북판까지 뻗어내린 지류의 정상부와 기슭에 고분이 밀집되어 있다.

천천면 삼고리 1호·2호·3호 발굴 후 모습. 이들 고분은 동서로 뻗은 지류의 남쪽 기슭 말단부에 입지를 두고 있는데, 석곽의 바닥에 한결같이 돌을 깔았다.

흡사한 속성을 보였다. 유물은 장경호를 중심으로 87점의 토기류, 화살통 장식·철겸·철도자·철부·철촉 등 철기류, 방추차, 금제 이식, 그리고 구슬류 등 모두 121점이 출토되었다. 이 유적은 마한 이래로 백제 문화권에 속했던 것으로 알려진 장수의 토착세력집단 이 백제가 아닌 가야문화를 기반으로 발전하였다는 고고학적 단서 를 제공해 주어 큰 관심을 끌었다.

■ 천천면 삼고리 고분군 B

삼고리 운곡마을은 남동쪽에 위치하는 법화산에서 북서쪽으로 뻗은 지류의 끝자락에 해당된다. 법화산과 운곡마을 사이에는 '복 골'이라 불리는 비교적 깊은 계곡이 있는데 중간부분에 삼고리 고 분군 B가 위치해 있다. 그러나 골짜기에 인적이 닿지 않은 지가 오 래되어 길이 없어졌고, 잡목이 매우 무성하게 자라 진입이 불가능하 다. 다만 주민의 증언에 의하면, 복골 내에는 돌무덤 한 기가 있었는 데 납작한 돌로 벽을 만들고 위에는 길다란 돌로 덮었다고 한다. 삼 고리 고분군과 인접하여 있고, 돌을 사용한 점 등으로 보아 삼국시 대 혹은 고려시대와 관련된 석곽묘로 추정된다. 또한 제보자의 증언 에 따르면, "복골은 삼고리 주민들이 계남면으로 가기 위한 지름길 로 사람들이 제법 이용하던 길이었고, 법화산 정상부에는 당집과 주막도 있었다"고 한다.

■ 천천면 남양리 유적

장수읍에서 791번 지방도를 따라 북쪽으로 7㎞ 가량 가면 금강으 로 흘러드는 샛강 위에 가설된 남양교에 이르는데 여기서 동쪽으로 약 200m 가면 남양리 유적이 자리하고 있다. 유적이 자리하는 일대 는 천천면 농공단지 지역과 마주하고 있다. 이곳은 1997년에 2차에

천천면 남양리 유적 발굴조사 광경. 표토층을 제거하자 강자갈과 모래밭이 광범위하게 드러난 유적의 모습이다.

걸쳐 전북대 박물관에 의해 수습조사(66)가 이루어졌다. '가' 지구는 신석기시대에서 청동기시대에 이르는 유물이 출토되었으나 유구는 상당부분 훼손되었다. '나' 지구는 1989년 수습조사된 유구를 포함하여 초기철기시대 무덤 5기가 조사되었다. 이외에도 6기의 지석묘가 조사되었으나 이미 옮겨진 것으로 보인다. 초기철기시대의 무덤에서는 세형동검과 검파두식, 동모, 동착, 동경을 비롯하여 철부, 철사, 관옥, 흑도장경호 등의 다양한 유물이 부장된 상태로 출토되었다. 지금은 이 일대가 모두 논으로 조성되어 그 흔적조차 남아있지 않다.

■ 천천면 남양리 고분군 A

천천면 남양리 중앙에 우뚝 솟은 국사봉國思峰 동쪽 기슭 끝자락

---

66) 윤덕향, 2000, 앞의책.

에 돈촌마을이 있다. 국사봉에서 양쪽으로 흘러내린 지류들이 마을의 외곽을 둥글게 감싸고 있다. 고분은 동쪽 기슭과 북쪽을 감싸고 있는 지류에 집중적으로 분포되어 있다. 고분이 밀집된 북쪽 지류

는 계단처럼 단을 이루듯이 흘러내려 완만한 지형을 이루고 있으며, 남쪽 기슭도 그다지 가파르지 않다. 마을 주민들의 증언에 의하면, "이들 지역에서

천천면 남양리 고분군 A. 천천면 남양리 국사봉 전경으로 이 산에는 지석묘, 수혈식 석곽묘, 횡혈식 석실분 등 그 구조를 달리하는 다양한 고분이 밀집되어 있다.

는 해방 직후부터 20년 전까지 고름장을 파헤치는 일이 많았는데, 10년 전까지 고름장에서 빠진 돌이 여기저기 흩어져 있었다"고 하였다. 그리고 "남쪽 기슭에서는 판자처럼 다듬은 돌로 방처럼 만든 고름장이 발견되었는데, 주민들이 새마을사업때 다리를 놓기 위해 모든 돌을 빼냈다"고 하였다. 이러한 사실을 입증해 주듯, 북쪽 지류의 남쪽 기슭에는 민묘를 조성하면서 빼낸 석재가 지금도 상당량 쌓여있다. 이상의 사실을 종합해 본다면, 이 유적에는 수혈식 석곽묘와 횡혈식 석실분이 혼재되어 있을 것으로 추정된다.

■ 천천면 남양리 고분군 B

장수군과 진안군의 경계를 이루는 성수산聖壽山 동쪽 기슭이 하단부에 이르러 여러 갈래의 지류로 갈라지면서 완만한 지형으로 바뀐다. 그 중 한 갈래의 지류가 동쪽으로 들판까지 뻗어내려 이방마

을 북쪽 지역을 감싸고 있다. 마을에서 북서쪽으로 500m 떨어진 지류의 정상부와 남쪽 기슭에 고분이 산재되어 있다. 특히 마을 북쪽에 있는 저수지에서 북쪽으로 400m 떨어진 남쪽 기슭과 국사봉 남서쪽 기슭에 고분이 밀집되어 있다. 고분이 산재된 지역의 범위는 동서길이 300m 정도로 상당히 넓으며, 유물은 기벽이 두꺼운 회청색 경질토기편과 고려토기편, 자기편이 혼재된 조합상을 보인다. 유적의 입지나 유물의 조합상으로 볼 때, 이 지역에는 삼국시대부터 고려시대까지의 고분이 혼재되어 있을 것으로 추정된다.

▣ 천천면 남양리 고분군 C

내기마을 뒤쪽에는 성수산에서 남서방향으로 곡선을 이루듯이 흘러내린 지류가 있다. 지류의 남쪽에 골짜기를 따라 성수산으로 오르는 소로를 따라 350m 쯤 가면, 소로 위쪽에 고분의 벽석으로 추정되는 할석이 노출되어 있다. 마을 주민들의 증언에 의하면, "이 일대에서는 장기간에 걸쳐 고름장을 파헤치는 도굴이 이루어졌으며, 마을에서 북서쪽으로 800m 쯤 떨어진 지점에서도 고름장이 발견되었다"고 하였

천천면 남양리 고분군 C. 고려 때 이방소가 설치된 천천면 남양리 전경으로 장수군과 진안군 경계를 이루는 성수산 동쪽 기슭 하단부에는 다양한 고분이 광범위하게 분포되어 있다.

다. 특히 "마을에서 북서쪽으로 400m 떨어진 남쪽 기슭에서는 돌로 만든 방처럼 생긴 고름장이 드러났는데, 지금은 땅 속에 묻혀 볼

수 없다"고 하였다. 유구의 흔적이 확실하게 발견되지 않았지만, 주민들의 증언을 종합해 보면, 이 지역에는 횡혈식 석실분과 횡구식 석곽묘가 혼재되어 있을 것으로 추정된다.

■ 천천면 남양리 고분군 D

남양리 내기마을 남서쪽에는 90년대 초반에 건설된 와룡호臥龍湖가 있다. 호수 북쪽에는 지형이 완만한 기슭이 넓게 형성되어 있는데, 모든 지역이 이미 토석채취장으로 개발되었다. 개발 과정은 주민들의 증언을 통해 확인되었다. 주민들은 "와룡호 건설에 필요한 흙을 조달하기 위해 남쪽 기슭을 토석채취장으로 개발하면서 많은 고분이 유실되었다"고 한다. 그런데 이들 고분은 오래 전에 이미 도굴되었을 것으로 추정된다. 왜냐하면 주민들이 "이 일대에서는 20여 년 전 고름장을 파헤치는 도굴이 대규모로 이루어졌는데, 당시에는 돌로 방처럼 만든 고름장이 많았다"고 증언하였다. 토석채취장으로 개발하는 과정에 대부분의 고분이 유실되었고, 다만 마을에서 남서쪽으로 50m 떨어진 남쪽 기슭의 절단면에 고분의 벽석이 노출되어 있다. 어쨌든 남양리 일원에 고분이 밀집된 것은 이곳에 행정 치소가 설치되었던 역사적인 사실과 깊은 관련이 있을 것으로 보인다.

■ 천천면 월곡리 고분군

봉화산峰火山 서쪽 기슭 끝자락에 박곡마을이 있다. 마을 동쪽에 위치한 남쪽 기슭에는 도굴로 내부가 드러난 2기의 고분이 있었다고 한다. 그리고 월곡마을에서 719번 지방도를 따라 장수읍 쪽으로 300m 정도 가면 도로변 우측에 협장한 들판이 있다. 들판의 북쪽을 감싸고 있는 능선의 남쪽 기슭에 고분의 벽석으로 추정되는 석렬이 드러나 있다. 지금은 사람이 들어갈 수 없을 정도로 잡목이 우거져 있어서, 고분의 개석 내지 벽석으로 추정되는 할석만 일부 확인하였다. 여기에 고분이 있었다는 사실은 "도굴로 개석이 제쳐진 상태로 파괴된 고름장을 보았다"는 주민들의 증언을 통해서도 입증되었다.

■ 천천면 장판리 고분군 A

타루비墮淚碑[67]에서 시멘트로 포장된 소로를 타고 200m 쯤 북서쪽으로 올라가면 장척마을이 나온다. 마을에서 월곡리로 넘어가는 농로를 따라 북쪽으로 150m 정도 올라가면 남쪽 기슭 중단부에 3기의 고분이 자리하고 있다. 그리고 여기서 동쪽으로 100m 떨어진 곳에도 3기의 고분이 더 있었다고 전하는데, 잡초가 우거져 유구의 흔적을 확인하지 못했다. 이들 고분은 할석을 가지고 벽석을 쌓고, 그 위에는 개석을 덮었는데, 중앙에 위치한 고분에서만 개석이 확인되었다. 유구의 장축방향은 기슭과 일치되게 남북으로 두었다. 마을 주민들의 증언에 의하면, "이들 고름장은 해방 직후에 도굴되었는데, 중앙에 자리한 고름장에서는 봉황과 구름무늬가 그려진 병, 위쪽 고분에서는 접시와 대접이 나왔었다"고 하였다. 그런가 하면 "마을에서 남쪽으로 250m 떨어진 기슭에서도 20여 년 전 민묘를 조성하는 과정에 돌로 만든 고름장이 드러났는데, 당시에 대접과 접시가 나왔다"고 하였다.

---

67) 이 비석은 '조선 숙종 4년 당시 장수현감 조종면趙宗冕이 전주 감관에 가기 위해 이곳을 지나다가 꿩이 말굽소리에 놀라 날아가는 바람에 말이 놀라 한쪽 발을 실족하여 절벽 아래의 원임소元任沼에 빠져 현감이 목숨을 잃게 되자 주인을 잃은 마부는 자기가 잘못하여 현감이 죽었다고 통곡하며 손가락을 깨물어 혈서로 원한의 꿩과 말을 부근의 바위 벽에 그려 놓고 자기도 물에 뛰어들어 죽었다'는 마부의 충절을 기념하기 위해 세웠다.

■ 천천면 장판리 고분군 B

장판마을을 두 개로 갈라놓은 개천을 따라 개설된 농로를 타고
북서쪽으로 250m 올라가면 동쪽 기슭 중단부에 유적이 자리잡고 있
다. 이곳에 고분이 자리하고 있다는 사실은 마을 주민의 제보를 통
해 드러났다. 즉 "해방 직후 돌로 쌓은 곳에서 10여 점의 토기를 꺼
냈는데, 이들 토기는 기와처럼 회색을 띠고 있었다"고 한다. 현지조
사에서는 유구의 흔적을 발견하지 못하고 고분의 벽석으로 추정되
는 할석이 광범위하게 산재된 사실만을 확인하였다. 그리고 "여기
서 동쪽으로 150m 떨어진 남쪽 기슭에도 도굴로 고분의 내부가 드
러난 몇 기의 고름장이 있었다"고 하였는데 역시 유구의 흔적을 찾
지 못했다.

■ 계남면 침곡리 고분군 A

계남면 서쪽에는 천천면과 경계를 이루면서 남북방향으로 쭉 뻗
은 능선이 자리하고 있다. 능선의 정상부에 위치한 방아재(68) 양쪽
에는 산정식山頂式 석성石城이 있는데, 남쪽에는 침곡리산성(침령
산성), 북쪽에는 할미산성이 자리하고 있다. 방아재마을 주민들의
제보에 의하면, "10여 년 전 할미산성 남쪽 기슭과 침곡리산성 북쪽
기슭 중단부에서 도굴로 파헤쳐진 고름장을 보았다"고 하였다. 이
러한 제보를 받고 고분을 찾기 위해 현지조사를 실시하였지만 사람
이 들어갈 수 없을 정도로 잡목이 우거져 유구를 찾지 못했다. 그러
나 이들 지역은 경사가 그다지 가파르지 않고 산성 주변에 위치해
고분이 있을 가능성이 높은 것으로 판단된다.

---

(68) 이곳은 육십령으로 직접 연결되는 동서방향의 교통로가 통과하는 중요한 길목
이다.

■ 계남면 침곡리 고분군 B

침곡리 사곡마을 남쪽에는 한 갈래의 지류가 길게 뻗어 내렸는데, 지류와 동쪽 기슭 중단부에서 유적이 발견되었다. 즉 동쪽 기슭 중단부에는 고분이 집중적으로 분포되어 있으며, 지류의 정상부와 남쪽 기슭에도 일부가 자리하고 있다. 그런데 이들 지역이 지금도 임야지대를 이루고 있기 때문에 유적의 범위를 파악하기가 어려운 상황이며, 다만 유물이 산재된 범위는 동서 길이 300m, 남북 폭 200m 내외이다. 유물은 동쪽 기슭 민묘구

계남면 침곡리 고분군 지표 수습 유물

역에서 가야계 기대편과 회청색 경질토기편이 수습되었다. 그리고 지류의 정상부에서는 격자문이 타날된 적갈색 연질토기편과 문양이 없는 회갈색 연질토기편이 다량으로 수습되었다.

■ 계남면 침곡리 고분군 C

침곡리 사곡마을에서 남서쪽으로 500m 떨어진 '대골'로 불리는 계곡에 유적이 자리하고 있다. 여기에 유적이 자리하고 있다는 것은, 사곡마을 정덕수씨 제보를 통해 확인되었다. 즉 "이 일대는 70년대까지만 해도 나무를 구경하기 어려울 정도로 헐벗은 상태였는데, 능선의 정상에는 돌로 벽석을 쌓은 고름장이 있었다"고 한다. "고름장은 모두 2기로 도굴의 피해를 입어 개석이 제쳐지고 속이 훤히 보였다"고 한다. 그러나 지금은 사람이 들어갈 수 없을 정도로 잡목과 잡초가 무성하게 우거져 유구를 확인하지 못했다.

■ 계남면 호덕리 고총군

호덕리 갈평마을은 백화산白華山에서 뻗어내린 지류들로 사방이 감싸여 있다. 그 중 북쪽 지류에는 30여 기의 대형급 고총이 분포된 삼봉리 고총군, 북서쪽 지류에는 호덕리 고분군 B가 자리하고 있다. 호덕리 고분군 B가 위치한 지류는 갈평마을에서 남쪽으로 500m 떨어진 지점에서 다시 두 갈래로 나뉜다. 이들 지류의 정상부에는 모두 고총이 자리하고 있는데, 북쪽에는 봉토의 직경이 10m 내외되는 20여 기의 고총, 북서쪽에도 역시 봉토의 직경이 10m 내외는 10여 기의 고총이 자리하고 있다.

이곳은 전북대학교 박물관 주관으로 1999년 발굴조사가 이루어졌다. 모두 13기가 조사된 석곽묘는 다곽식[69]의 구조, 벽석의 축조방법, 장축방향, 유물의 부장방법 등이 가야계 고분과 흡사한 속성을 보여주었다. 유물은 장경호를 비롯한 고령양식 토기류와 철겸鐵鎌·철부鐵斧·철촉鐵鏃 등 철기류가 다량으로 출토되었다. 후자는 고총이 없는 구역에서 격자문과 승석문이 타날된 원삼국시대 토기편, 회청색 경질토기편, 자기편이 함께 수습되어서 이곳에 생활유적이 자리하고 있을 가능성도 점쳐진다. 그리고 이들 지류 사이에는 봉토가 유실된 석곽묘가 광범위하게 밀집되어 있었는데, 몇 년 전 과원단지를 대규모로 조성하면서 모두 유실되었다.

■ 계남면 호덕리 고분군 A

장계면 소재지 남쪽에 동서로 길게 뻗은 능선의 정상부가 계남면과 장계면의 경계를 이룬다. 능선의 정상부를 중심으로 남쪽 지역은

---

69) 다곽식이란 봉토의 중앙에 규모가 가장 큰 주석곽이 자리하고 그 주변에 주석곽을 애워쌓듯이 소형 석곽들이 배치되어, 봉토 내에 여러 기의 고분이 배치된 것을 말한다.

대체로 계남면 호덕리에 속하며, 북동쪽에는 장계면 월강리 고총군
이 자리하고 있다. 이곳은 갈평마을에서 북쪽으로 300m 떨어진 남
쪽 기슭으로 밭과 민묘구역을 제외하면 모든 지역이 임야를 이룬다.
능선이나 지류의 정상부에는 고총, 남쪽 기슭에는 봉토가 유실된
석곽묘가 자리하고 있다. 특히 백화여고에서 남동쪽으로 100m 떨
어진 능선의 정상부에는 봉토의 직경이 20m 내외이고, 할석과 천석
이 노출된 고총이 자리하고 있다. 그리고 유적의 중간지점에서 남쪽
으로 뻗은 지류의 정상부와 밭에도 봉토가 약간 보존된 고총이 남
아있다. 반면에 남쪽 기슭에는 동서길이 300m 내외의 광범위한 지
역에 고분이 분포되어 있다. 여기에 산재된 고분들은 수혈식 석곽묘
로 대체로 등고선과 평행되게 장축방향을 두고 있는 점에서 가야계
석곽묘로 추정된다. 유물은 개배, 고배, 단경호, 장경호, 적갈색 심
발형토기 등 고령양식 토기류가 상당량 수습되었다.

■ 계남면 호덕리 고분군 B

원호덕마을 북쪽에 자리한 동서로 뻗은 능선에 유적이 자리하고
있다. 즉 백화산에서 서쪽의 19번 국도까지 뻗어 내린 지류로서, 위

계남면 호덕리 고총군 전경. 백화산에서 북서쪽 내지 서쪽으로 뻗어내린 지류의
정상부에 고총이 입지를 두고 있다.

계남면 호덕리 고분군 발굴조사 광경. 1999년 전북대학교 박물관 주관으로 이루어
진 발굴조사에서 20여 기의 가야계 수혈식 석곽묘가 조사되었다

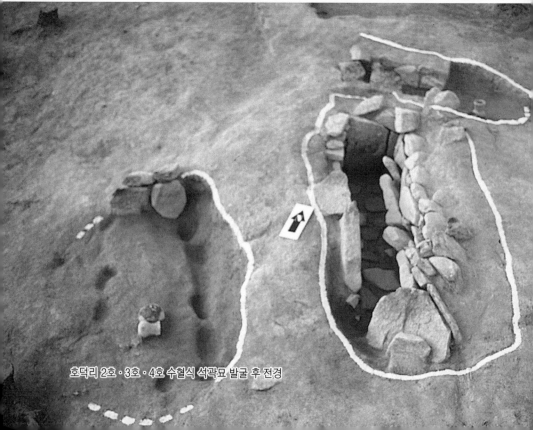

호덕리 2호·3호·4호 수혈식 석곽묘 발굴 후 전경

치상으로는 원호덕마을과 구억마을 중간지점에 해당된다. 능선의 정상부는 이미 밭으로 개간되었으며, 남쪽 기슭은 중앙에 위치한 민묘구역을 제외한 모든 지역이 소나무 숲을 이룬다. 여기에 고분이 있다는 사실은 원호덕마을 주민들의 제보를 통해 드러났다. 그리고 남쪽 기슭에서 고분의 벽석으로 추정되는 석렬과 봉토처럼 생긴 유구가 자리하고 있다는 사실도 확인하였다. 유물은 남쪽 기슭 끝자락에 위치한 밭에서 회청색 경질토기편과 기와편이 수습되었다.

■ 계남면 화음리 고분군

계남면과 장계면의 경계를 이루는 백화산 서쪽 기슭 끝자락에 조곡마을이 있다. 이 마을은 백화산에서 한 갈래의 지류가 동서방향으로 들판까지 뻗어내려 마을의 남쪽을 감싸고 있는데, 지류의 정상부에서 1기의 고분이 발견되었다. 주민들의 제보에 의하면, "지금부터 20여 년 전 지류의 정상부에 도굴로 그 내부가 노출된 한 기의 고려장이 있었는데, 지금은 흙이 채워지고 잡초가 우거져 그 흔적을 확인할 수 없다"고 하였다. 그리고 "얼마 전까지만 해도 이 고려장은 노출되어 있었는데, 벽면은 돌을 가지고 수직으로 쌓고, 그 위에는 넓적한 돌을 올려놓았으며, 장축방향은 지류와 평행 되게 동서로 두었다"고 한다.

■ 계남면 화양리 고총

계남면 소재지에서 서쪽으로 연결되는 소로를 따라 가면 계남천溪南川 건너편에 유촌마을이 있다. 여기서 다시 계남중학교 담장을 끼고 시멘트로 포장된 소로를 따라 500m 쯤 가면 난평마을이 나온다. 마을은 법화산法華山 동쪽 기슭의 끝자락에 자리잡고 있으며, 마을 입구에 있는 마을회관에서 북동쪽으로 80m 떨어진 곳에 한 기의 고총이 자리한다. 여기서 북동쪽으로 2.5km 떨어진 곳에는 30여 기의 고총이 밀집된 삼봉리 고총군이 있다. 봉토封土는 평면형태가 원형으로, 그 보존상태가 비교적 양호한 편이다. 봉토의 북동쪽 중단부와 가장자리는 밭과 논을 계단식으로 개간하는 과정에 일부가 유실되었을 것으로 판단된다.

봉토의 정상부와 상단부에는 대형 할석과 남동쪽 하단부에는 천석을 가지고 수직으로 쌓아올린 석렬이 노출되어 있다. 봉토의 직경이 30m 내외로, 정상부에는 여러 매의 대형 할석이 노출되어 있는데, 그것은 도굴보다 흙이 유실되어 나타난 결과로 판단된다. 유물은 고총의 주변과 이미 논으로 개간된 지역에서 기벽이 두꺼운 회청색 경질토기편이 일부 수습되었다.

■ 계남면 궁양리 고분군

백화산에서 장안산까지 연결된 능선이 계남면과 장계면의 경계를 이루고 있는데, 능선의 서쪽 기슭 끝자락에 유적이 자리잡고 있다. 이곳은 궁평마을에서 북동쪽으로 1.1km 남짓 떨어진 곳으로, 고분이 있다는 사실은 궁평마을 주민의 제보를 통해 확인되었다. 주민들은 "이곳을 '고름장골'이라고 부르고 있는데, 40여 년 전 개석이 제쳐진 상태로 2 · 3기의 고분이 노출되어 있었는데, 지금은 잡초가

계남면 화양리 고총. 법화산 동쪽 기슭 말단부에 입지를 두고 있어 다른 고총과 큰 차이를 보인다.

무성하게 우거져 그 흔적을 찾을 수 없다"고 하였다. 그리고 "계남면이나 장수읍 일원에서 장계면 대곡리 혹은 경남 함양군 방면으로 가기 위해서는 반드시 이곳을 거쳐야 한다"고 하였다. 비록 유구의 흔적이 발견되지 않았지만, 본래 고분이 있었던 곳이 남쪽 기슭에 해당하고 교통로가 통과하는 길목에 위치하여, 이 일대에는 고분이 자리하고 있을 것으로 보인다.

■ 계남면 가곡리 고분군

가곡리 죽전마을은 북쪽의 벽남제壁南堤로부터 남쪽의 평지마을까지 뻗은 지류에 감싸여 있다. 고분군은 지류 중 가운데 지류에 해당되고 마을 남쪽에서 동쪽으로 난 임도를 따라 가다보면 임도 끝과 접하고 있다. 유구는 지류의 남쪽 기슭에서 횡구식으로 보이는 석곽묘 두 기가 확인되었다. 석곽묘는 150m의 거리를 두고 위치해 있는데 장축방향은 지류와 직교되게 남북으로 두었다. 그 사이에서 1점의 회청색 토기편이 수습되었다. 또한 중장비 출입을 위해 지류의 남쪽 하단부에 낸 길에서 분청사기 대접과 청동숟가락편 이 수습되었다.

■ 장계면 명덕리 고분군 A

소백산맥의 준령에 위치한 깃대봉 북쪽 기슭이 여러 갈래의 지류들로 갈라진 하단부에 유적이 있다. 즉 장계면 명덕리 원명덕마을에서 장계천長溪川을 건너 남동쪽으로 350m 남짓 떨어진 지류의 정상부에서 고분이 발견되었다. 정상부에는 민묘구역을 조성하면서 유구가 훼손되어 판석형 석재가 노출되어 있고, 벽석의 일부는 민묘의 축대를 쌓는데 사용되었다. 논 둑에도 역시 고분의 벽석으로 추정되는 판석형 할석이 걸쳐 있어 논을 개간하면서 다른 고분도 유실된 것으로 추정된다.

■ 장계면 명덕리 고분군 B

장계면과 계북면의 경계를 이루는 깃대봉 동쪽 기슭 끝자락에 유적이 자리하고 있다. 즉 양삼마을에서 북서쪽으로 250m 남짓 떨어진 곳으로 자활원을 신축하려고 제토작업이 진행 중인 공사 현장이 여기에 해당된다. 최근 제토작업으로 유적의 대부분이 유실되었지만, 아직 공사가 이루어지지 않은 지역에서 고분의 벽석으로 추정되는 개석이 확인되었다. 마을 주민들의 제보에 의하면, "지금부터 10년 전 창을 든 도굴꾼이 여러 차례 다녀갔는데, 얼마 전까지만 해도 돌로 네모지게 벽석을 쌓고, 그 위에 넙적한 돌을 올려놓은 고름장을 볼 수 있었다"고 한다.

■ 장계면 오동리 고분군

장수군과 함양군의 경계를 이루는 깃대봉 북서쪽 기슭 끝자락에 오동마을이 있다. 마을 북쪽에는 동서방향으로 뻗은 지류가 마을을 감싸고 있는데, 정상부와 남쪽 기슭에 고분이 분포되어 있다. 고분은 도굴로 개석이 유실되어서 내부가 드러난 것이 대다수를 차지하고 있으며, 여기에 민묘구역을 조성하면서 훼손된 것도 적지 않다. 고분이 분포된 지역의 범위는 동서길이 300m 내외로 넓은 편이며, 고분의 구조도 수혈식 또는 횡구식 석곽묘, 횡혈식 석실분 등 다양하다. 특히 오동마을에서 수무촌마을로 연결되는 도로를 확장하면서 생긴 절단면에서 남동쪽으로 150m 떨어진 남쪽 기슭에는 횡혈식 석실분으로 추정되는 고분이 노출되어 있다.

장계면 삼봉리 고총군 전경. 백화산에서 북쪽으로 장계천까지 뻗어내린 지류에 입지를 두고 있는 삼봉리 고총군으로 사진 중앙에 있는 지류가 여기에 해당된다.

장계면 삼봉리 고총군 원경. 사진 상단부가 백화산으로 그 정상에서 북쪽으로 뻗어내린 지류의 정상부에 25기 내외의 고총이 분포되어 있다.

■ 장계면 삼봉리 고총군

장계면 소재지에서 거창 쪽으로 26번 국도를 따라 1.5km 정도 가면 도로변 남쪽에 펼쳐진 지류에 유적이 있다. 이곳은 금강 유역에 기반을 둔 세력집단이 육십령을 넘어 남강 유역의 세력과 교류하기 위해서는 반드시 거쳐야 하는 교통상의 요충지이다. 그리고 장계천을 따라 양쪽에는 들판이 넓게 펼쳐져 있고, 그 외곽은 소백산맥의 고봉들이 병풍처럼 감싸고 있어, 이곳은 자연 요새지를 이룬다. 이렇듯 자연환경이 빼어나고 교통로를 끼고 있어, 이곳은 선사시대부터 역사시대까지 유적이 밀집된 '유적의 보고'로 백제 때 백해(이)군伯海(伊)郡이 설치되었던 곳이다.

고총은 백화산白華山에서 북쪽으로 장계천까지 뻗어 내린 지류의 정상부에 입지를 두었다. ≪문화유적총람≫에는 '이곳에 토만두형 고분 25기가 현존하고 있으며, 그 중 9기는 발굴되고 천연석으로 된 장방형 호석만이 남아 있다'고 기록되어 있다. 여기에서 토만두형 고분으로 소개된 것은 고총을 지칭하는 것으로 판단되며, 지금도 남북으로 뻗은 지류의 정상부에는 봉토의 직경이 20m 내외되는 대형급 고총 5기, 봉토의 직경이 10m 내외되는 중형급 고총도 15기 정도 남아있다.

1999년 전북대학교와 군산대학교 박물관은 연합 발굴단을 구성하여 고속도로에 포함된 지역에서 모두 두 차례의 발굴조사를 실시하였다. 대형급 고총이 밀집된 지류의 남쪽 가장자리에서 이루어진 발굴조사에서는 모두 2기의 수혈식 석곽묘가 조사되었다. 고분은 남북방향으로 뻗은 지류의 정상부와 동쪽 기슭에서 조사되었는데, 전자는 석곽의 길이가 400cm이고, 후자는 전자의 주변에 배치된 소형고분이다. 유적의 입지, 유구의 장축방향, 벽석의 축조방법, 그리고 유물의 부장방법 등의 속성은 소백산맥의 동쪽 지역에서 조사된 가야고분과 밀접한 관련성을 보여 주었다.

유물은 교구와 철촉이 석곽의 서쪽에서 출토되었다. 그리고 동쪽 기슭에 입지를 둔 고분에서는 밀집파상문이 시문된 장경호와 철기 류가 출토되었다. 그런가 하면 대형급 고총이 밀집된 지역에서는 고 배 · 개배 · 기대 · 장경호 · 적갈색 발형토기편 등 고령양식 토기편 이 다량으로 수습되었다.

■ 장계면 삼봉리 탑동 고분군

장계면 삼봉리 탑동마을 동쪽과 '불당골' 에 고분이 있었다고 한 다. 이러한 사실은 탑동마을 주민들의 제보를 통해 확인되었는데, "이 마을에서 동쪽으로 200m 떨어진 남서쪽 기슭에는 도굴로 파헤 쳐진 고름장이 노출되어 있었고, '불당골' 입구의 기슭에서는 70 년대 사방사업 중 돌로 만든 고름장에서 여러 점의 그릇이 출토되 었다"고 한다. 이러한 사실을 확인하기 위해 현지조사를 실시하였 지만, 낙엽이 두텁게 쌓이고 수풀이 우거져 유구遺構의 흔적을 발 견하지 못했다. 다만 '불당골' 중간지점의 밭과 계곡에서 격자문이 시문된 회청색 경질토기편이 일부 수습되었다.

■ 장계면 월강리 고총군

삼봉리 고총군 서쪽에는 논을 사이에 두고 동서로 길게 뻗은 한 갈래의 지류가 자리하고 있다. 장계남초등학교까지 뻗어 내린 지류 는 정상부가 장계면과 계남면의 경계를 이룬다. 다음에 소개할 호덕 리 고분군 A와 지형상 명확하게 구분되지 않지만 서로 행정 구역을 달리하고 있기 때문에 별도로 분류하였다.

현재 지류의 정상부에는 고총, 그리고 양쪽 기슭에는 봉토가 약 간 보존되었거나 모두 유실된 소형 고분이 분포되어 있다. 고총은 대체로 봉토의 직경이 10m 내외로 지류의 정상부에 13기와 북쪽의 지류에도 2기의 고분이 자리하고 있다. 그리고 서쪽에는 봉토의 직경이 15m 내외되는 2기의 고총이 역시 지류의 정상부에 입지를 두었다. 봉토의 정상부에 두 개 이상의 도굴 구덩이가 남아있을 정도로 도굴의 피해를 입어 봉토가 온전하게 보존된 고총은 거의 없다. 그리고 벽석이 드러날 정도로 봉토가 유실되었거나 도굴 구덩이를 통해, 그 내부가 보이는 것도 적지 않다. 한국 동란 때 국군이 진지를 구축하면서 훼손된 경우까지 포함한다면, 본래 월강리에는 15기 이상의 고총이 자리하고 있었을 것으로 추정된다.

상 / 장계면 월강리 고총 군 지표 수습 유물

하 / 장계면 월강리 고총 군 전경. 삼봉리 고총군 바로 서쪽에 위치한 월 강리 고총군으로 백화산 에서 북서쪽으로 장계면 소재지까지 뻗어내린 지 류에 입지를 두고 있다.

양쪽 기슭에는 봉토가 완전히 유실된 석곽묘와 소형 고총도 분포되어 있다. 남쪽 기슭에는 민묘구역이 대대적으로 조성되어 있는데, 당시에 많은 고분이 훼손되었을 것으로 추정된다. 최근에는 새로운 민묘구역을 조성하면서 석곽묘가 훼손되어 벽석과 개석으로 여겨지는 석재가 광범위하게 흩어져 있다. 그리고 유구가 노출된 석곽묘도 일부 포함되어 있는데, 고분의 입

지 및 벽석의 축조방법, 등고선과 평행되게 장축방향을 둔 유구의 속성은 가야고분과 상통한다. 유물은 방추차紡錘車를 비롯하여 고배, 개배, 기대, 단경호, 장경호, 파수부호把手部壺, 발형토기 등 고령양식 토기편이 다량으로 수습되었다. 북쪽 기슭도 유구의 보존상태가 그다지 양호하지 않았다. 그 이유는, 역시 밭 개간이나 민묘구역의 조성과 무관하지 않을 것으로 판단되며, 현재 밭 둑에는 벽석으로 추정되는 천석이 상당량 쌓여있다. 유물은 표면에 격자문과 승석문이 타날된 원삼국시대 토기편과 회청색 경질토기편, 옹관편, 그리고 자기편이 동일 지역에서 수습되었다.

■ 장계면 월강리 고분군 A

장계면 월강리는 깃대봉 남서쪽부터 장계천을 넘어 계남면 호덕리 경계까지 동서로 긴 지형을 이룬다. 그 중앙에는 동서로 길게 조성된 도장골마을이 있으며, 마을에서 남동쪽으로 1km 남짓 떨어진 북서쪽 기슭에서 20여 년 전 고분이 발견되었다고 한다. 이와 같은 사실은 도장골마을 주민들의 제보를 통해 드러났다. "이 일대에는 도굴로 그 내부가 드러난 여러 기의 고름장이 있었는데, 장축방향은 기슭과 똑같게 두었다"고 하였다.

■ 장계면 월강리 고분군 B

장계리 월강리 도장골마을 입구에 위치한 월광사 동쪽 지류에 유적이 있다. 이미 계단식 밭으로 개간되어서 유구의 흔적을 찾을 수 없으나 밭의 축대로 사용된 돌은 판석형으로 고분에 사용된 석재로 추정되며, 옹관편을 비롯하여 회청색 경질토기편이 수습되었다. 주민의 증언에 의하면, "현재 군산·함양간 고속도로로 인해 없어진 곳에 태봉이라는 지류가 있었는데, 이곳에 돌무덤이 있었으며, 고속도로가 개설되기 이전 민묘구역을 조성할 때 2점의 회청색 경질토기가 나왔었다"고 한다.

■ 장계면 송천리 고분군

장계면 송천리 서변마을에서 북쪽 가장자리에 위치한 민가 바로 뒤에는 민묘구역이 조성되었고, 그 위쪽에서 고분이 확인되었다. 고분은 이미 파괴된 것으로 추정되며, 주변에는 고분의 벽석을 쌓는데 쓰인 것으로 보이는 석재가 널려 있다. 고분은 석곽묘로 추정되는데 1단 정도만 남아있으며, 장축방향은 기슭과 평행되게 두었다. 주위에 남아있는 석재와 지리적 환경으로 보아, 이 일대에는 다른 고분이 더 있을 것으로 추정된다.

■ 장계면 무농리 고분군

장계면 소재지 북쪽에 수락봉隨落峰이 우뚝 솟아 있고, 그 남쪽에는 완만한 지형을 이루는 기슭이 넓게 펼쳐져 있다. 기슭의 중앙에는 한 갈래의 지류가 망남마을까지 뻗어 내렸는데, 지류의 중단부에는 횡혈식 석실분이 자리하고 있다. 민묘구역에 자리한 석실분

장수지구에서 처음으로 횡혈식 석실이 발견된 장계면 무농리 고분군 전경. 사진 오른쪽에 솟은 봉우리가 장계면과 계북면의 경계를 이루는 수락봉이다.

은 민묘를 조성하면서 봉토가 유실되어 개석이 노출된 상태이며, 그 규모는 길이 178cm, 폭 106cm로 대형이다. 그리고 여기서 아래로 50m 떨어진 정상부에도 벽석으로 추정되는 판석형 할석이 노출되어 있는 점에서 다른 고분이 더 있을 것으로 생각된다. 이처럼 횡혈식 석실분이 기슭이 아닌 지류의 정상부에 입지를 둔 것은, 매우 이례적인 경우로 가야문화를 기반으로 발전하였던 토착세력집단의 묘제 전통이 이때까지 계승되었을 것으로 추정된다.

고분의 벽석으로 추정되는 석재는 석실분이 발견된 지점에서 아래쪽으로 200m 떨어진 하단부에서도 확인되어서 그 분포 범위가 광범위하다. 특히 석실분이 발견된 지류의 남서쪽 기슭에는 다른 지역에 비해 훨씬 많은 판석형 할석이나 도굴 구덩이가 있다. 현지까지 직접 안내해 준 망남마을 주민의 증언에 의하면, "도굴 구덩이와 할석이 밀집된 지역에서 장 기간에 걸쳐 도굴이 이루어졌으며, 그곳에는 얼마 전까지만 해도 터널처럼 생긴 고름장이 여러 개 있었다"고 하였다.

■ 계북면 양악리 고분군 A

대전·통영간 고속도로 무주휴게소 부지에서 조사된 유적으로, 1998년 군산대학교 박물관 주관으로 발굴조사가 이루어졌다. 당시에 남쪽 기슭에서 횡구식 석곽묘, 지류의 정상부와 남서쪽 기슭에서 회곽묘灰槨墓와 토광묘(민묘)가 조사되었다. 그러나 이들 고분은 도굴과 밭을 개간할 때 일차 파괴되었고, 이후에도 경작과 민묘를 조성하면서 다시 파괴되었다. 석곽묘는 고분의 입지와 장축방향, 벽석의 축조방법, 석곽의 평면형태 등이 고려시대 횡구식橫□式 석곽묘와 상통한다. 그리고 회곽묘와 토광묘는 유물이 출토되지 않아 그 성격과 축조시기를 상세하게 살필 수 없었지만 서로 시기적인 선후관계가 크지 않고 조선시대 후기에 조성된 것으로 보인다.

■ 계북면 양악리 고분군 B

계북면 양악리는 고려시대 때 양악소陽岳所가 설치된 행정의 치소로 월성치月城峙로 연결되는 동서방향의 교통로가 통과하는 교통의 요지이다. 이곳은 북동쪽에 시루봉과 남동쪽에 삿갓봉과 같은 험준한 소백산맥 준령들이 사방을 휘감고 있는데, 이들 고봉들에서 대량천大良川이 발원하여 금강의 최상류를 이루면서 서쪽으로 흐른다. 삿갓봉 북서쪽 기슭의 중단부에는 지형이 완만한 기슭을 이루고 있는데, 그 곳에 고분이 자리하고 있다. 여기에 고분이 자리하고 있다는 사실은 양악마을 주민들의 증언을 통해 확인되었다. 즉 "해방 직후 이 일대에서 도굴꾼이 개석을 들어내고 많은 고름장古墳을 파갔다"고 한다.

■ 계북면 원촌리 고분군

남덕유산에서 북서쪽으로 2.7km 떨어진 곳에 삿갓봉이 있으며, 정상에서 한갈래의 지류가 쭉 뻗어내려 원촌리까지 다다른다. 지류는 지형이 완만하여 대부분의 지역이 농경지나 민묘구역으로 조성되었으며, 북쪽에는 양악리와 경계를 이루면서 대량천이 서쪽으로 흐른다. 파곡마을에서 북서쪽으로 250m 떨어진 남쪽 기슭 중단부에서 고분이 발견되었는데, 오래 전 밭을 계단식으로 개간하는 과정에 유구가 잘려나갔다. 벽석이 높지 않고 그 폭도 상당히 넓어 고려시대 횡구식 석곽묘로 추정된다. 파곡마을 주민들이 "지금부터 20여 년 전 쯤 남쪽 기슭에서 돌로 만든 여러 기의 고름장이 도굴되었다"고 제보해 주어, 주변에는 다른 고분이 더 있을 것으로 추정된다.

■ 계북면 매계리 고분군

깃대봉과 압곡봉鴨谷峰, 수락봉隨落峰으로 연결되는 능선이 계북면과 장계면의 경계를 이루고 있으며, 중간에는 양쪽 지역을 연결시켜 주는 집재가 있다. 압곡봉 북쪽 기슭 하단부에 압곡마을이 있는데, 마을의 뒤쪽에는 그다지 험준하지 않은 지류가 마을을 감싸고 있다. 이 마을에서 남동쪽으로 150m 떨어진 남쪽 기슭에서 돌로 만든 여러 기의 고분이 도굴되었다고 한다. 지금까지의 지표조사에서 유구의 흔적을 발견하지 못했지만, 고분의 벽석으로 추정되는 할석만 확인하였다.

■ 계북면 월현리 고분군

월현리 월전마을과 장현마을 사이의 '웅골' 골짜기를 감싸고 있는 지류의 끝자락에 1기의 고분이 노출되어 있다. 봉토는 이미 유실되었으며, 개석은 1매만 도굴로 제쳐지고 그 나머지는 거의 원상태로 남아있다. 개석은 비교적 잘 다듬어진 판석형으로 길이 130㎝, 두께 25㎝ 내외이다. 벽석은 상당히 정성스럽게 쌓았으며, 고분의 폭은 115㎝ 이상 확인되었다. 고분의 장축방향은 기슭과 평행되게 두었으며, 고분의 규모와 벽석의 축조방법으로 보아 석실분으로 추정된다.

■ 번암면 교동리 고분군

신무산에서 남북방향으로 흘러내린 비교적 험준한 능선이 장수읍 식천리와 번암면 교동리 경계를 이룬다. 능선의 동쪽 기슭 하단부에 세골마을이 있다. 이 마을은 수분치를 통해 금강과 섬진강 유역을 직접 연결해 주는 남북방향의 교통로가 통과하는 교통상의 요지에 위치하고 있다. 마을에서 남동쪽으로 200m 떨어진 지점에서

10년 전 두 기의 고분이 발견되었는데, 지금은 논으로 개간되어 모두 유실되었다. 다만 마을 주변의 남쪽 기슭에는 고분의 벽석으로 추정되는 판석형 활석이 박혀있는 점으로 보아서 고분이 자리하고 있을 가능성이 높다.

▣ 번암면 노단리 고분군

소백산맥의 대표적인 관문인 짓재 서쪽 기슭 끝자락에 새터마을이 있다. 이 마을 주민들은 "지금부터 10여 년 전 마을에서 동쪽으로 150m 떨어진 곳에서 두 기의 고름장이 드러난 것을 목격하였는데, 지금은 밭으로 개간되어 그 위치를 찾을 수 없다"고 제보해 주었다. 그런데 이곳은 말치재와 한치재를 연결해 주는 동서방향 교통로를 따라 임실을 비롯한 전주방면, 수분치를 넘어 장수방면, 짓재와 매치를 통해 함양 또는 진주 방면으로 나아갈 수 있는 교통상 요충지를 이루고 있기 때문에 고분이 있었을 가능성이 높다.

▣ 번암면 대론리 고분군

번암면 소재지에서 19번 국도를 타고 가면 남원시 산동면과 경계에 대론리 수작골마을이 있다. 마을의 동쪽을 감싸고 있는 지류의 남쪽 기슭 중단부에 고분이 자리하고 있다. 주민들의 제보에 의하면, "고름장은 매우 큰 방으로 되어 있었는데 앞으로 난 문을 통해 들어갈 수 있었다"고 하며, "덮개돌은 집을 지으면서 가져가 빨래판으로 사용했다"고 한다. 지금은 흙으로 매몰되어 그 흔적을 찾아볼 수 없다.

▣ 산서면 백운리 고분군

산서면 백운리 창촌마을에서 동쪽으로 500m 정도 거리에 고분이 있는데, 계단식 논이 끝나고 산이 시작되는 지점 리기다소나무가 많은 곳에 위치한다. 이 고분은 마을 사람들에 의해 '고려장'으로 불리고 있으며, "오래 전 도굴되었다고 하는데, 당시에 사람이 드나들 수 있을 정도였다"고 한다. 석실은 장축방향이 등고선과 직교하고 서쪽에 입구가 있으며, 석실 크기는 고분이 칡넝쿨에 덮여 정확하게 파악하지 못하였지만, 그 폭이 대략 1m 이상 될 것으로 추정된다.

■ 산서면 마하리 고분군

마하리 원흥마을 미륵당 남동쪽에 유적이 있다. 고분은 봉토가 약간 남아 있으며, 고분을 만드는데 사용된 석재는 일렬로 드러나 있었다. 석축의 길이는 230㎝이며, 장축방향은 등고선과 일치하는 남북 방향으로 두었다. 주민들의 증언에 의하면, "고분군이 위치하는 곳이 '운하골'이라 불리는데 30여 년 전에 이 일대가 이미 도굴되었다"고 한다.

■ 산서면 오성리 고분군 A

산서면 소재지에서 719번 지방도를 타고 동쪽으로 가면 원흥마을 삼거리가 나온다. 여기서 다시 남쪽으로 난 도로에 접어들자마자 좌측에는 동서방향의 지류가 뻗어있고, 아래로 난 시멘트로 포장된 도로를 따라 가면 등동마을이 나온다. 등동마을 입구에 뻗어 있는 지류는 마을 사람들에 의해 '서산'이라 불리는데 이곳에 오성리 고분군 A가 자리한다. 주민들의 증언에 의하면, "서산의 남쪽 기슭에는 돌무덤이 여러 기 있었으나 모두 파괴되어 매몰되었다"고 한다. 또한 "도로에 인접한 서쪽 끝자락 지류에는 나무를 파낸 자리에서 고분에 쓰인 것으로 보이는 석재들이 널려 있었고 청자대접편 1점이 수습되었다"고 한다.

■ 산서면 오성리 고분군 B

산서면 소재지에서 719번 지방도를 타고 동쪽으로 가면 원홍마을 삼거리가 나온다. 여기서 남쪽으로 난 도로를 따라 1km 남짓 가면 좌측에 오성리 개치마을이 자리하고 있다. 개치마을은 비행기재에서 남서쪽으로 뻗어 내린 지류의 끝자락에 위치하는데 동쪽으로는 묘복산 지류들로 둘러싸여 있다. 개치마을 동쪽, 즉 마을 바로 뒤에는 밭이 개간되어 있으며, 그곳에 오성리 고분군 B가 위치하고 있다. 주민들의 증언에 의하면, "밭 가운데에 좁고 긴 돌로 만든 뚜껑을 가진 무덤이 있었는데 경작과정에서 제쳐진 개석은 한쪽으로 치웠고, 그 나머지 석재는 묻어버렸다"고 한다.

■ 산서면 건지리 고분군 A

장수군 산서면 소재지에서 남동방향으로 721번 지방도를 따라 2km 남짓 가면 이룡교를 건너기 전 삼거리가 있다. 여기서 좌측으로 난 도로를 따라 300m 정도 가면 월호마을이 나온다. 월호마을의 서쪽에는 남북으로 길게 뻗은 지류가 마을을 감싸고 있는데, 그 정상부에 지류와 일치되게 장축방향을 둔 3기의 고분이 자리하고 있다.

■ 산서면 건지리 고분군 B

건지산 서쪽 기슭 끝자락에 위치한 건지리 고분군 B는 건지리 고분군 A가 위치한 월호마을에서 삽실마을로 가는 길을 따라 약 500m 정도 가다보면 우측에 농로가 나온다. 농로를 따라 300m 정도 가면 최씨 제각이 나온다. 제각 옆에 밭으로 경작되어진 곳에는 비교적 봉토가 잘 남아 있는 고분 1기가 자리하고 있다. 마을 사람들의 증언에 의하면, 원래는 여러 개의 봉토가 있었으나 이 일대를 밭으로 개간하면서 현재 한 기만을 남겨 놓았다고 한다. 봉토는 상당량 유실된 것으로 보이며, 현재 남아있는 봉토의 크기는 360cm×290cm이다.

■ 산서면 사계리 고분군

산서면과 번암면 경계를 이루는 상서산上瑞山에서 한 갈래의 지류가 서쪽으로 사계리와 하월리를 거쳐 사상리까지 뻗어 내렸다. 이지류에는 지형이 험준하지 않고 남쪽 기슭도 가파르지 않아 사계리 고분군을 비롯하여

하월리 고분군 벽석 근경. 벽석의 안쪽이 정연하게 다듬어졌다.

많은 유적이 밀집되어 있다. 그 중 하나인 사계리 고분군은 왕촌마을에서 북동쪽으로 250m 떨어진 지류의 남쪽 기슭에 입지를 두었다. 즉 남쪽 기슭 중단부에는 도굴로, 그 내부

산서면 하월리 고분군. 지류의 남쪽 기슭에 입지를 두고 있는데, 최근에 논을 확장하면서 5m 내외의 절단면이 생겼다.

가 드러난 고분과 고분의 벽석으로 추정되는 상당량의 천석과 할석
이 민묘의 축대를 쌓는데 사용되었다.

▣ 산서면 하월리 고분군

등동골마을과 사창마을 중간지점 남쪽 기슭에 위치한다. 등동골
마을에서 사창마을 쪽으로 200m 쯤 가면 도로에서 북쪽으로 100m
거리를 두고 대현농장이 있다. 농장에서 서쪽으로 50m 떨어진 곳에
논을 확장하면서 생긴 200m 높이의 절단면 위에 파괴된 고분의 벽
석이 쌓여있다. 고분은 완전히 파괴되어, 모든 벽석이 한곳에 층을
이루며 쌓여있는데, 벽석은 안쪽면이 정연하게 다듬어진 할석이다.
그 중 북벽으로 추정되는 판석형 할석은 상단부 양쪽을 비스듬히
잘라내 평면형태가 육각형을 이루고 있으며, 크기는 높이 179cm,
폭 160cm이다. 그리고 주변에도 다른 고분이 있었다는 주민들의 제
보가 있어 '하월리 고분군' 이라고 이름을 붙였다.

▣ 산서면 사상리 고분군 A

사창마을 북쪽에 위치한 지류의 남쪽 기슭에서 고분이 발견된 적
이 있었다고 한다. 이 마을 주민들은 "70년대 두 기의 고름장이 도굴
의 피해를 입어 노출되어 있었는데, 당시 새마을사업을 하면서 돌이
필요하여 모든 벽석을 빼내 썼다"고 제보해 주었다. 지표조사 때 유
구의 흔적을 발견하지 못하였으며, 유물도 수습되지 않았다.

▣ 산서면 사상리 고분군 B

사창마을 남쪽에는 한 갈래의 지류가 동서방향으로 길게 뻗어 내
렸다. 사창마을 주민들의 제보에 의하면 "이 일대에서는 70년대 중
반 사방사업이 대대적으로 이루어졌는데, 당시에 돌로 만든 고름장

속에서 기와 색깔을 띠는 여러 점의 그릇이 출토되었다"고 하였다. 철탑이 세워진 지류의 정상부와 남쪽 기슭에는 지금도 고분의 벽석으로 추정된 천석과 할석이 곳곳에 노출되어 있다. 고분의 입지와 금제이식을 비롯 가야유물이 출토된 산서면 봉서리와 매우 인접된 것으로 보아, 이 유적은 가야계 수혈식 석곽묘와 관련이 많은 고분군으로 추정된다.

■ 산서면 봉서리 고분군 A

고산골마을에서 동쪽으로 250m 떨어진 지류에 고분이 자리하고 있다. 지류는 사계봉社桂峰에서 동서방향으로 길게 뻗어내렸는데, 서쪽에는 산서면과 보절면을 이어주는 721번 지방도가 지난다. 고분은 지류의 정상부와 지형이 완만한 남쪽 기슭에다 입지를 두고 있는데, 남쪽 기슭에는 고분의 벽석으로 추정되는 석재와 도굴 구덩이가 남아있다. 유물은 서쪽 지역의 정상부에서 격자문이 타날된 적갈색 연질토기가, 동쪽 지역에서는 회청색 경질토기편이 일부 수습되었다. 이곳에 고분이 자리하고 있다는 사실은 고산골마을 주민들의 제보를 통해서도 확인되었다. 그 내용은 "지금부터 30년 전후한 시기에, 이 산에서는 상당한 기간 동안 도굴이 이루어졌으며, 당시에는 고름장 속에서 많은 유물이 쏟아져 나왔다"는 것이었다. 유구의 흔적을 발견하지 못했지만, 여기서 수습된 유물의 속성으로 미루어 보아, 원삼국시대부터 삼국시대까지 장기간에 걸쳐 고분이 조영되었을 것으로 추정된다.

■ 산서면 봉서리 고분군 B

거영성居寧城이 자리한 성산의 북서쪽 기슭 하단부에 잣골마을이 있다. 마을은 성산에서 북서쪽으로 뻗은 여러 갈래의 지류들로

산서면 봉서리 고분군 C. 봉토가 양호하게 보존되어 고분의 존재가 분명하게 드러났다.

봉서리 고분군 C에서 조사된 수혈식 석곽묘 발굴 후 전경 감싸여 있으며, 이들 지류는 가파른 기슭을 이루다가 마을 주변에 이르러 완만한 지형으로 바뀐다. 고분은 마을의 북동쪽을 휘감아 도는 지류의 정상부와 남서쪽 기슭, 마을 뒤쪽에 위치한 제실 주변에 집중적으로 분포되어 있다. 그리고 마을 정면에도 고총이 자리하고 있었는데, 1998년 산서면과 덕과면을 잇는 지방도 확·포장공사와 관련하여 발굴조사가 이루어졌다. 그런가 하면 마을에서 남쪽으로 1km 떨어진 남원시 덕과면 덕촌리 덕동마을 주변에서도 가야계 수혈식 석곽묘가 자리하고 있다는 사실이 1987년 지표조사를 통해 드러났다. 어쨌든 산서면 봉서리를 중심으로 성산 주변에는 가야계 수혈식 석곽묘가 상당히 밀집된 점에서 큰 관심을 끈다.

■ 산서면 봉서리 고분군 C

봉서·척동간 도로 확·포장공사로 발굴조사가 이루어진 유적으로 봉서리 척동마을 입구에 위치하고 있다. 여기에서는 마을로 통하는 소로에 의해 봉토의 일부가 잘려 나간 고분 1기와 여기서 지류 윗쪽으로 약 70㎝ 떨어진 지점에서 석곽묘로 보이는 파괴분 1기가 조사되었다. 고분은 수혈식 석곽묘로 지류와 평행하게 장축방향을 두고 있으며, 입구에서 대부장경호 1점이 출토되었다. 석곽묘의 규모는 남북 길이 372㎝, 동서 폭 112㎝, 높이 118㎝ 내외이다. 주민의 증언에 의하면, "고분이 자리한 지류 일대에는 수많은 고분이 자리하고 있었다"고 하나, 경작과 도굴로 인해 대부분 훼손된 것으로 보인다.

3. 요지/窯址

■ 장수읍 노하리 와요지 A

장수읍 소재지에서 북서쪽으로 북류하는 금강 위에 놓인 신기교를 건너면 새터마을이 나온다. 봉황산에서 동쪽으로 뻗어 내린 지류의 끝자락에 노하리 와요지 A가 자리한다. 다시 말하면 새터마을 서쪽으로는 언덕 위에 동떨어진 집이 한 채 있고 집 뒤로 이어지는 임도를 따라 30m 가량 올라가면 이 마을에 사는 김정희씨의 밭이 나오는데 밭 맞은 편에 와요지가 있다. 임도를 내면서 대부분 잘려 나가 극히 일부만 남아 있는데 가마등은 주저앉은 채 웅덩이가 져있다. 밭에는 축대를 쌓으면서 기와를 이용하여 틈새를 메워 놓았고 밭 가장자리에도 기와편이 산재해 있다.

■ 장수읍 노하리 와요지 B

노하리 와요지 A에서 봉강마을로 가는 포장된 임도를 따라 70m 남짓 가면 과수원이 있고 이와 접하여 서쪽 구릉에는 작은 소나무 숲이 있다. 노하리 와요지 B는 이 숲에 위치하는데 봉황산 봉우리에서 동쪽으로 뻗은 지류의 끝자락에 해당된다. 새터마을 채영식씨의 증언에 의하면, "이 일대에 기와편이 산포 되어 있었는데 이 가운데 연꽃무늬가 새겨진 수막새를 수습하였었다"고 한다. 지금은 이 일대가 민묘구역과 밭으로 개간되어 유구의 흔적이나 유물 등은 확인할 수 없다.

■ 장수읍 노하리 와요지 C

노하리 봉강마을에 위치한 군부대에서 좌측으로 난 임도 건너편에는 비교적 넓은 밭이 자리하는데 여기에 노하리 와요지 C가 자리한다. 이곳은 노하리 지석묘 B에서 북동쪽으로 약 60m 남짓 떨어져 있으며, 봉황산에서 봉강마을을 향해 남동쪽으로 뻗어 내린 지류의 끝자락에 해당된다. 와요지는 밭의 중심에서 부대 쪽으로 치우쳐 있는데 소토덩어리와 기와편, 회청색 경질토기, 자기류가 산재해 있다. 소토가 산재된 것으로 보아 유구는 이미 훼손된 것으로 보이며, 수습되는 유물의 현상으로 보아 고려시대에서 조선시대에 걸쳐 운영되던 요지로 추정된다.

■ 장수읍 두산리 와요지

두산마을 서쪽에 펼쳐진 구릉지대 중앙에 와요지가 있다. 두산마을에서 서쪽으로 300m 떨어진 곳으로, 다시 말하면 이 마을에서 장수와 남원을 잇는 19번 국도 사이의 중앙에 해당된다. 본래 와요지는 밭에 입지를 두고 있었는데, 몇 년 전 이곳에 민묘를 조성하면서 유구가 유실되어, 지표조사 때 유구의 흔적을 확인하지 못했다. 다만 그 주변에서 기와편과 소토가 수습되어, 두산마을 주민들의 증언대로, 이곳에는 와요지가 있었을 것으로 추정된다.

■ 장수읍 두산리 도요지

두산마을에서 남서쪽으로 1.2km 떨어진 곳에 '재민농원'이 있고, 농원의 북서쪽 가장자리에 도요지가 자리하고 있다. 다시 말해서 서쪽 기슭을 따라 형성된 구릉지대에 농원이 조성되어 있는데, 도요지는 농원의 북서쪽 기슭 끝자락에 입지를 두고 있다. 두산마을 주민들은, "이곳을 '사기점터'라고 부르고 있는데, 얼마 전까지는 가마터가 잘 보존되어 있었고, 그 주변에는 깨진 그릇조각이 상당한 높이로 쌓여있었다"고 하였다. 그런데 최근에 논 확장과 배수로 공사를 하면서 도요지가 있었던 곳에서 흙을 대대적으로 파내어 유구가 유실되었다. 유물은 비짐눈이 박힌 조선시대 후기의 백자편과 소토가 수습되었다.

■ 장수읍 개정리 도요지

와요지가 있었던 것으로 전해지는 와동마을에서 북동쪽으로 300m 떨어진 곳에 개정제開亭堤가 있고, 그 저수지와 도모지골마을 사이의 중간에 도요지가 있다. 도요지는 남쪽 기슭의 끝자락에 입지를 두고 있는데, 최근 민묘구역을 조성하면서 도요지가 파헤쳐져 백자편과 도침이 폭 넓게 흩어져 있다. 유물은 백자대접편과 접시편, 백자소형잔 등 기종이 다른 조선시대 후기의 백자편과 도침이 상당량 수습되었다. 그런데 소성실 바닥에 깔았던 도침이 지표에서 발견되고 있어, 유구는 심하게 훼손되었을 것으로 추정된다. 그리고 "도모지골마을 북쪽에 위치한 도광사道光寺 주변 골짜기에서 자기편을 보았다"는 와동마을 주민의 제보가 있었지만, 유구의 흔적을 발견하지 못했다.

■ 장수읍 용계리 도요지

용계리 안양마을에서 대성리 방향으로 719번 지방도를 타고 가다보면 S자형으로 굽어지는 길이 시작되는 곳에서 동쪽으로는 점촌마을로 가는 소로가 나 있다. 소로 바로 옆에는 팔공산으로부터 발원하는 계곡이 흐르는데 이와 접하여 용계리 도요지가 자리하고 있다. 제보자에 의하면, 이곳에는 백자를 굽던 가마터가 있었으나 지금은 흔적조차 알 수 없게 되었다고 한다. 다만, 도요지와 접해 있는 밭에서 기와편과 토기편이 일부 수습되었고, 도요지의 동쪽에 점촌마을이 자리하고 있어 이 사실을 뒷받침해 주고 있다.

■ 장수읍 대성리 도요지

장수읍에서 719번 지방도를 타고 남동쪽으로 자고개를 넘으면 대성리 금평마을이 나오고 장수읍 대성출장소 맞은편에는 원대성마을로 가는 포장도로가 있다. 출장소로부터 포장도로를 따라 50m 남짓 가면 좌측으로 개울이 흐르고 이와 접해있는 밭이 대성리 도요지이다. 합미성의 남쪽 기슭 끝자락으로 비교적 길고 좁은 밭의 한가운데가 도요지로 추정된다. 그러나 이곳에는 소토덩이만 산재해 있을 뿐인데 이미 오래 전에 파괴된 것으로 보인다.

■ 천천면 삼고리 와요지

삼고리 삼장마을에서 서쪽으로 700m 남짓 가다보면 중기마을이 나온다. 마을 안쪽에는 동북쪽으로 농로가 나있는데 삼고리를 감싸는 지류 너머에 자리한 논으로 이어져 있다. 삼고리 와요지는 마을로부터 시작되는 농로의 약 30m 지점에 위치한다. 다시 말하면, 중기마을 북쪽은 삼장마을까지 동서방향의 구릉이 뻗어있는데 와요지가 위치한 곳이 구릉의 서쪽 끝자락이다. 주민의 증언에 의하면, "와요지는 원래 거의 원상태를 유지하고 있었는데 1970년대 새마을사업의 일환으로 농로가 개설되면서 중앙부가 대부분 유실되었다"고 한다. 지금은 농로의 양쪽 절단면에서 단지 몇 개의 기와편을 수습할 수 있을 정도이다.

■ 천천면 남양리 도요지

남양리 이방마을에서 북쪽으로 400m 떨어진 국사봉國思峰 남서쪽 기슭에 도요지가 있다. 즉 국사봉 남서쪽 기슭이 가파르게 흘러내리다가 중단부부터 단을 이루면서 완만한 지형으로 바뀌는데, 그 곳에 도요지가 자리하고 있다. 도요지는 기슭을 그대로 살려 남

북으로 장축방향을 두고 있으며, 유물은 백자대접과 접시편이 다량
으로 수습되었다. 소성실로 추정되는 부분이 볼록하게 솟아 있는 점
에서 유구의 보존상태는 비교적 양호한 편이다. 유물이 산재된 범
위는 남북 길이 50m, 동서 폭 30m 내외이다.

■ 천천면 와룡리 도요지

와룡리 상리마을에서 남서쪽으로 500m 떨어진 동쪽 기슭에 도요
지가 자리하고 있다. 마을에서 농로를 따라 500m 올라가면 두 갈래
의 물줄기가 만나는 곳이 있는데, 그 중앙에 대규모 버섯재배단지가
조성되어 있다. 몇 년 전까지만 해도, 이 곳에는 도요지가 잘 보존
되어 있었는데, 최근 버섯재배단지를 조성하면서 20m 높이로 제토
작업이 이루어져 유구가 유실되었다. 이 일대에서는 소토와 함께
조선시대 후기 것으로 추정되는 백자대접과 접시편이 수습되었다.

■ 천천면 월곡리 도요지 A

반월마을 남동쪽 계곡에 도요지가 자리하고 있다. 마을에서 농로
를 따라 남동쪽으로 450m 쯤 가면 삼거리가 나오는데, 여기서 싸리
재로 연결되는 남동쪽 농로를 따라 다시 150m 쯤 가면 도요지가 있
다. 도요지는 밭을 계단식으로 확장하면서 대대적으로 복토작업이

이루어져 모두 땅 속에 묻혔다. 농로와 그 주변에서 소토와 백자편이 수습되고 주민들의 제보를 통해, 이 일대에 도요지가 자리하고 있다는 사실이 밝혀졌다. 그런데 도요지가 싸리재부터 반월마을까지 도로 확·포장공사 구역 내에 위치하고 있기 때문에, 이 유적의 성격을 밝히기 위한 발굴조사가 요망된다.

▣ 천천면 월곡리 도요지 B

월곡마을에서 719번 지방도를 따라 장수읍 쪽으로 300m 정도 가면 도로변 우측에 남북으로 긴 들판이 나온다. 도로에서 서쪽으로 250m 떨어진 동쪽 기슭 끝자락에 도요지가 자리하고 있다. 도요지는 논과 밭에 위치하여 얼마간 훼손되었지만 밭 중앙부가 기슭을 따라 볼록하게 솟아 그 곳에 소성실이 있을 것으로 추정된다. 유물은 백자편과 옹기편, 토침 등이 수습되었는데 백자가 절대량을 차지하고 있으며, 그 분포 범위는 동서 길이 100m, 남북 폭 70m 내외이다.

천천면 월곡리 도요지 B의 폐기장 단면. 조선 후기 백자편이 절대량을 차지하고 있으며, 여기에 도침과 옹기편까지 혼재된 조합상을 보인다.

■ 계남면 화양리 와요지

난평마을의 북쪽을 감싸고 있는 지류의 동쪽 기슭 중단부에 자리
하고 있다. 다음에 소개할 화양리 유물산포지 A와 B의 중간 지점에
해당된다. 그런데 90년대 후반 침곡리부터 신전리까지 지방도를 개
설하는 과정에 유구가 유실 내지 훼손되어 소성실 일부만 남아있다.
난평마을 주민들의 증언에 의하면, "공사가 실시되기 이전까지만
해도 동쪽 기슭을 따라 터널처럼 생긴 굴 속으로 사람들이 들어갈
수 있었다"고 하였다. 주민들이 터널로 표현한 굴은 소성실로 추정
되며, 당시까지만 해도 유구의 보존상태가 상당히 양호하였을 것으
로 추정된다. 도로의 동쪽에서는 소성실의 벽체로 추정되는 소토燒
土와 조선시대 후기의 것으로 보이는 두께가 상당히 두꺼운 평기와
편이 일부 수습되었다.

■ 계남면 화양리 토기요지

화양리 난평마을 북쪽을 감싸고 있는 지류 너머에 점촌마을이 있
다. 마을은 얼마전까지 10여 가구 정도 살았는데, 지금은 한 가구만
남아있으며, 민가에서 서쪽으로 200m 떨어진 남쪽 기슭에 유적이
자리하고 있다. 요지가 있었던 남쪽 기슭은 대규모 민묘구역으로
조성되어 있으며, 몇 년 전 중장비로 묘역을 조성하면서 유구의 대
부분이 유실된 것으로 추정된다. 묘역의 하단부에서 소토와 토기편
이 상당량 수습되어서 이곳에 요지가 있었다는 사실을 알게 되었
다. 이 유적은 자기류가 보이지 않고 회청색 경질토기편만 수습되
어, 이름을 토기요지라고 붙였다. 토기류는 기벽이 두껍고 격자문
이 시문된 회청색 경질토기편이 주류를 이루고 여기에 고려시대 토
기편도 일부 포함되어 있다.

■ 계남면 신전리 도요지

신전리 양신마을은 봉화산에서 뻗어 내린 지류들이 완만한 경사를 이루며 감싸고 있다. 요지는 마을의 서쪽 기슭에 자리잡고 있으며, 소로를 따라 200m 가량 올라가면 계단식 논과 인삼밭이 있으며, 유적의 북쪽과 남쪽에는 계곡이 흐르고 있다. 계단식 논을 만들면서 생긴 절단면과 인삼밭 주변에서 다량의 소토와 백자편들이 산재되어 있음을 확인할 수 있었으며, 개간으로 인한 유구의 유실 내지 훼손이 심하였을 것으로 추정된다.

■ 계남면 신전리 야철지

신전리 음신마을에서 위쪽으로 300m 떨어진 밭에 위치하고 있다. 마을은 계남면과 장수읍의 경계를 이루는 능선의 북쪽 기슭 끝자락에 위치하고 있으며, 중앙에는 신전교회가 있다. 여기서 계곡을 따라 개설된 농로를 따라 위쪽으로 300m 쯤 올라가면 계곡 우측의 밭에서 쇠똥과 소토燒土가 일부 수습되었다. 이들 유물이 상당히 넓은 지역에서 수습된 점에 비추어 볼 때, 유구는 이미 유실 내지 훼손되었을 것으로 추정된다.

장계면 대곡리 야철지 전경. 장수와 함양을 곧장 연결해 주는 남북방향의 교통로가 통과하는 보룡고개의 북쪽 기슭 전경으로 철을 생산하던 야철지가 있었던 곳으로도 유명하다.

■ 장계면 대곡리 야철지

장안산에서 북동쪽으로 뻗은 능선의 정상부에 위치한 무령고개
는 장수와 함양을 연결해 주는 교통로가 통과하는 중요한 길목이다.
즉 장수읍과 장계면에서 무령고개까지 다다르면, 남쪽으로 계곡을
따라 3.2km 떨어진 번암면 지지리 삼거리마을에 이르고, 여기서 동
쪽으로 중재 또는 중고개재를 넘어 함양군 백전면 일대로 나아갈
수 있다. 장계면 대곡리 성곡마을 주민들의 제보에 의하면, "무령고
개를 넘어가기 이전에 북쪽 골짜기에서 쇠똥과 불먹은 흙을 보았
다"고 하였다. 마을 주민의 안내를 받아 지표조사를 실시하였지만,
몇 년 전 지방도 확·포장공사를 실시하면서 제토작업이 대대적으
로 이루어져 유구의 흔적을 확인하지는 못했다.

■ 계북면 양악리 야철지

양악리 양악마을 주민들의 제보를 통해 드러났다. 토옥동마을은
양악마을에서 토옥동 계곡을 따라 5.1km 쯤 올라가면 나오는데, 70
년대까지만 해도 10여 가구가 마을을 형성하고 살았는데, 지금은 사
람이 살지 않는다. 이곳은 남동쪽에 위치한 월성치月城峙를 통해
금강과 황강 유역을 직접 연결해 주는 동서방향의 교통로가 통과하
는 교통의 요지이다. 그리고 주민들은 "이 마을 입구에는 '점터' 라
고 불리는 곳이 있었는데, 그 곳에서 불먹은 흙과 함께 '쇠똥' 이 많
이 나왔다"고 하였다.

■ 계북면 양악리 와요지

양악마을에서 남쪽으로 250m 떨어진 밭에 와요지가 있다. 1998년
계북면 양악리 고분군 발굴조사를 실시하던 중 양악마을 주민의 제
보로 이곳에 와요지가 있다는 사실이 드러났다. 와요지는 동쪽 기

슭을 그대로 살려 동서로 장축방향을 두었으며, 당시 소성실 중앙
에 뚫린 구멍을 통해 그 내부가 훤히 들여다보였다. 소성실 바닥에
는 기와편이 상당량 쌓여있었으며, 유구의 보존상태는 매우 양호하
였다.

■ 계북면 어전리 도요지

삿갓봉에서 동쪽으로 여러 갈래의 지류가 뻗어 있는데, 그 동남
쪽 지류의 끝자락에 문성마을이 자리한다. 이곳에는 계북면 소재지
로부터 문성마을을 지나 북동쪽에 위치하는 토옥동으로 연결되는
문성선 2차선 도로가 개설되었는데, 어전리 도요지는 도로를 따라
문성마을에서 약 2km 되는 지점의 동쪽에 자리한다. 다시 말하면 삿
갓봉에서 뻗어 내린 지류의 끝으로 문성마을 동쪽에 위치하는 작은
방죽의 북쪽 밭에 자리하고 있다. 유물은 조선시대 옹기편이 대부분
을 차지하나 고려시대 토기편들도 대다수 확인되며 기와편도 상당
량에 이른다.

■ 계북면 농소리 도요지 A

남덕유산 서쪽 기슭 끝자락에 농소리가 자리한다. 연동마을에
서 동쪽으로 농로를 따라 100m 쯤 가면 농로가 두 갈래로 나뉘는
데, 여기서 남동쪽으로 올라가는 농로는 소리재를 통해 장계면 명
덕리로 연결된다. 소리재는 소백산맥의 대표적인 관문인 육십령으
로 연결되는 교통로가 지나는 중요한 길목이다. 소리재로 연결되는
농로를 따라 가면 양수소류지가 나오는데, 소류지 약간 못 미친 지
점에서 농로는 다시 두 갈래로 갈린다. 그 중 동쪽 농로를 따라
100m 쯤 가면 남쪽 기슭에 도요지가 자리하고 있다. 도요지가 자리
하고 있는 곳은 20여 년 전 논으로 개간되었으며, 당시 도요지가 크

게 훼손되었을 것으로 추정된다. 이러한 사실은 현재 그 논을 경작하고 있는 윤정수씨 증언을 통해 확인되었는데, "이곳에는 새금파리와 불 먹은 흙이 상당한 높이로 쌓여있었던 것을 중장비로 치우면서 논을 개간하였다"고 한다. 현재 논 둑 기슭에는 소성실의 벽체로 추정되는 소토 덩어리와 도침, 그리고 다양한 백자편이 섞인 상태로 노출되어 있다. 자기편이 분포된 지역의 범위는 남북 길이 60m, 동서폭이 50m 내외이다.

■ 계북면 농소리 도요지 B

　계북면과 장계면의 경계를 이루는 깃대봉에서 북쪽으로 흘러내린 기슭의 끝자락에 신기마을이 있다. 이 마을에서 동쪽으로 포장되지 않은 농로를 따라 850m 쯤 가면 그다지 크지 않은 저수지가 나온다. 저수지 제방 아래에서 농로는 두 갈래로 나뉘는데, 우측 농로를 따라 150m 남짓 가면 도요지가 자리한 밭이 나온다. 도요지는 저수지의 남동쪽 가장자리에 인접된 북쪽 기슭에 입지를 두고 있는데, 그 일대는 오래 전에 밭으로 개간되었다. 여기서 농로는 기슭의 가장자리를 계단처럼 파내어 단을 이루고 있는데, 절단면에 상당한 깊이로 백자편이 퇴적되어 있다. 그리고 밭의 중앙에는 약간 볼록하게 솟은 곳이 있는데, 그 성격은 분명하지 않지만 일단 소성실로 추정된다. 소성실로 추정되는 곳의 북서쪽은 평탄한 지형을 이루고 있는데, 그 곳에는 도요지와 관련된 부속시설이 있었을 것으로 추정된다. 백자편이 산재된 지역의 규모는 남북 길이 100m, 동서 폭 80m 내외이다.

■ 계북면 농소리 도요지 C

농소마을에서 북쪽으로 350m 쯤 떨어진 남쪽 기슭에 도요지가 자리하고 있다. 즉 마을 북쪽에 계곡을 따라 논이 자리하고 있는데, 그 북쪽에 위치한 개간된 밭에 해당된다. 이곳에 도요지가 자리하고 있는 사실은, 농소마을 양관식씨 제보에 의해 확인되었는데, "20여 년 전부터 밭을 경작해 오고 있는데 해마다 불에 그을린 흙과 깨진 그릇조각이 나온다"고 하였다. 이에 현지조사를 실시하여 소토燒土와 기벽器壁이 얇은 회청색 경질토기편, 그리고 복합문이 시문된 암기와편을 상당량 수습하였지만, 도요지의 위치는 정확하게 확인하지 못했다. 토기편과 소토가 넓게 산재된 점에서 일단 고려시대 토기 요지로 추정되며, 그 규모는 동서 길이 80m, 남북 폭 70m 내외이다.

■ 계북면 농소리 와요지

농소마을에서 남쪽으로 200m 가량 떨어진 북쪽 기슭에 와요지가 자리하고 있다. 이곳은 깃대봉 북서쪽 기슭의 끝자락으로 지형이 완만해 대부분의 지역이 이미 밭으로 개간되었거나 민묘구역으로 조성되었다. 여기에 와요지가 자리하고 있다는 사실은 위에서 설명한 농소리 도요지 C를 제보해 준 양관식씨 증언을 통해 확인되었다. 즉 "10여 년 전 농로를 개설하면서 생긴 절단면에는 굴처럼 생긴 구덩이가 드러났는데, 얼마전까지만 해도 사람들이 그 안으로 들어갈 수 있었다"고 한다. 그리고 "구덩이의 내부는 흙이 불에 그을려 붉은 색을 띠고 있었으며, 그 길이는 대략 5m 쯤 되었으나 몇 년 전 농로를 시멘트로 포장하는 과정에 구덩이가 땅 속에 묻혀 그 흔적을 찾을 수 없다"고 하였다. 현지조사에서 요지의 흔적을 확인하지 못했지만 그 주변에서 무문의 암기편과 일부 소토를 수습하였다.

■ 계북면 월현리 도요지

월현리 월전마을에서 산촌마을과 대곡마을로 가는 2차선 포장도로를 가다보면 U자형으로 굽어 도는 도로의 좌측에 산촌교라는 다리가 있다. 산촌교를 건너 대곡마을로 이어지는 농로를 따라 약 20m 정도 가면 오른쪽에 감나무 한 그루가 서 있는데, 이 나무의 아래 밭에 월현리 도요지가 위치한다. 밭은 농로와의 사이에 3단으로 이루어졌는데, 유물은 가운데 밭에 집중적으로 분포되어 있다. 밭은 남서 · 북동방향으로 길게 뻗어 있는데 길이 50m, 폭이 10m 정도이다. 대부분 회색을 띠는 토기편이 격자 타날문은 시문된 것이 주종을 이룬다.

■ 번암면 대론리 도요지

대론리 고분군이 위치한 곳에서 북서 · 남동쪽으로 이어지는 비교적 깊은 골짜기가 자리하는데, '홍골'이라 불리는 이 곳에 대론리 도요지가 자리하고 있다. 마을 사람의 증언에 의하면, "홍골을 따라 난 소로로 약 1㎞ 정도 가면 밭으로 경작되던 비교적 편평한 곳이 나오는데, 이곳에 자기편이 산재되어 있다"고 한다. 소로는 오래 전에는 죽산리로 통하는 길이었으나, 지금은 사람의 발길이 끊겨 없어진 상태로 진입이 불가능하다.

■ 산서면 마하리 도요지

산서면 소재지에서 719번 지방도를 타고 동쪽으로 가면 좌측에 원홍마을이 나온다. 여기서 다시 동쪽으로 계속 가면 비행기재를 넘어 장수읍으로 이어진다. 원홍마을에서 비행기재 방향으로 가다보면 원홍제가 나오는데 바로 맞은편에 마하리 도요지가 자리한다. 이곳은 비행기재가 위치하는 지류 가운데 동서방향으로 뻗은 지류의 끝자락으로 예부터 '가마등'이라 불리었다고 한다. 가마등 지류의 좌측에는 '모시샘'이라 불리는 커다란 샘이 있는데, 지금도 마을에서는 이 샘을 이용한다고 하며, 당시에도 이 샘을 이용했다고 한다. 도요지는 비교적 넓은 범위에 자리하고 있는데 일부는 과수원으로, 일부는 계단식 밭으로 개간되었다. 유물은 도기편과 옹기편, 소토 덩어리가 대부분을 차지하고 있는 것을 볼 때 고려시대에서 근대까지 사용되던 가마가 있었을 것으로 보인다.

▣ 산서면 오성리 도요지

산서면 소재지에서 719번 지방도를 타고 동쪽으로 가면 원흥마을 삼거리가 나오는데 여기서 남쪽으로 난 도로를 따라 1km 남짓 내려오면 좌측에 오성리 개치마을이 자리한다. 개치마을은 비행기재에서 남서쪽으로 뻗어 내린 지류의 끝자락에 위치하는데 동쪽으로는 묘복산의 지류에 의해 둘러싸여 있다. 개치마을에는 두 줄기의 계곡이 합쳐지는데, 하나는 동쪽에서 다른 하나는 북쪽인 비행기고개에서 발원한다. 이 가운데 북쪽에서 발원하는 물줄기를 따라 올라가다보면 임도와 밭이 끝나는데 오른쪽 기슭에 도요지가 자리한다. 요

산서면 오성리 도요지 현지조사 광경. 산서면에서 장수읍으로 가기 위해서는 반드시 넘어야 하는 비행기고개 입구에 위치하고 있다.

지가 위치한 골짜기는 '노가올 골짜기'라고 불리는데 도요지는 기슭을 그대로 이용하고 입구와 중앙이 무너져 주저앉은 것을 제외하면 소성실이 거의 원상태를 유지하고 있다. 도요지의 너비는 대체로 7m, 관찰 가능한 높이는 70cm이다. 도요지의 바로 좌측에 있는 제보자의 밭에는 경작하지 못할 정도로 백자편이 많았었다고 한다. 도요지의 안과 주변에는 도침과 다양한 형태의 백자접시, 대접 등이 산재되어 있다.

■ 산서면 이룡리 도요지

산서면 소재지는 721번 지방도가 관통하는데 중심부에서 남쪽에 위치한 시장교를 지나 가다보면 포장도로가 끝나는 곳에 신덕마을이 자리한다. 신덕마을 앞 북서쪽으로는 비교적 너른 들이 있고 너머에는 오수천이 북동 · 남서방향으로 흐른다. 논과 오수천 대창교 사이에는 낮은 구릉이 있는데 남동쪽 기슭에 이룡리 도요지가 자리한다. 현재 이곳은 밭으로 경작되고 있는데, 불과 20여 년 전에 가마터를 메웠다고 한다. 밭 전체에는 소토와 회색 경질토기편, 적갈색 연질토기편, 옹기편, 도지미 등이 산포되어 있고, 밭의 북쪽 절단면에는 가마에 쓰인 것으로 보이는 흙 벽돌과 도지미, 토기, 옹관편 등이 쌓여있다. 이룡리 도요지는 산포되어 있는 유물의 조합상으로 볼 때 고려시대부터 근대에 이르기까지 토기와 옹기가 지속적으로 구워졌던 도요지였을 것으로 생각된다.

■ 산서면 하월리 도요지

위에서 설명한 하월리 고분군의 횡혈식 석실분이 발견된 지점에서 북동쪽으로 100m 떨어진 남쪽 기슭에 도요지가 있다. 도요지는 몇 년 전 밭을 논으로 개간하는 과정에서 제토 작업이 이루어져 유

구가 유실되거나 땅 속에 묻힌 것으로 판단된다. 유물은 논 둑에서
소토와 함께 조선시대 후기의 백자 접시편이 수습되었다.

4. 건물지/建物址

■ 장수읍 노하리 사지

장수읍 서쪽에 우뚝 솟은 봉황산 동쪽 기슭에는 지석묘군 2개소,
고분군 4개소, 와요지 3개소, 유물산포지 1개소 등 다양한 유적이
밀집되어 있다. 그리고 동쪽 기슭 중턱에는 규모가 큰 사지가 자리
잡고 있다. 이러한 사실은 장수읍 노하리와 선창리, 송천리 주민들
과의 면담조사를 통해 드러났다. 그러나 아쉽게도 잡목과 잡초가
무성하게 우거져 유구의 흔적을 발견하지 못했다.

■ 장수읍 용계리 사지

팔공산 남동쪽 기슭 하단부에 사지가 자리잡고 있다. 사지는 단을
이루며 크게 두 구역으로 구분되는데, 하나는 커다란 주춧돌이 2열

천천면 와룡리 건물지
전경. 지금도 '원님터'
라는 구전이 전해지고
있는 천천면 와룡리 하
리마을 동쪽 전경이다.

로 남아 있는 건물지이고, 다른 하나는 돌로 축대를 쌓아 단을 이루는 곳인데 주변에 절구가 있는 것으로 보아 생활구역으로 여겨진다. 우거진 수풀과 두텁게 쌓인 낙엽으로 그 이외의 것은 확인할 수 없었다. 제보자의 말에 의하면 합미성과 사지를 잇고 있는 지류의 상단부에도 기와편이 산재되어 있는 곳이 있다고 한다.

▣ 천천면 와룡리 건물지

와룡리 북쪽에 위치한 하리마을 북쪽에는 '와룡호'가 있다. 마을 주민들에 의하면, "마을 동쪽 논에 '원님터'라고 불리는 건물지가 있었다는 구전이 전해진다"고 하였다. 오래 전 모든 지역이 논으로 개간되어서 유구의 흔적이 발견되지 않았지만 기와편의 수습으로 그 가능성을 더해 주었다. 그리고 그 건물지는 고려시대 때 이곳에 천잠소가 설치되었던 역사적인 사실과 밀접한 관련이 있을 것으로 추정된다.

장계면 삼봉리 사지 전경. 모든 지역이 밭으로 개간되거나 마을로 조성되어, 현재 유적이 심하게 훼손되었다.

▣ 천천면 장판리 건물지

천천면 장판리 장판마을에서 북쪽으로 150m 떨어진 남쪽 기슭에

유적이 자리하고 있다. 주민들은 이곳을 '불당골'이라 부르고 있는데, 현지조사 때 잡초가 무성하게 우거져 유구의 흔적은 발견하지 못했다. 그러나 유물은 소량의 기와편이 수습되었다. '불당골'이라는 지명과 기와편이 수습되는 것을 볼 때 이곳에는 절과 관련된 건물지가 있었을 것으로 보인다.

▣ 계남면 장안리 사지

계남면 장안리 괴목마을에서 남쪽으로 난 계곡을 따라 가면 포장도로가 끊기고 무령고개로 이어지는 '칠석골(또는 지석골)'이라 불리는 골짜기에 이른다. 마을 사람들의 증언에 의하면, "칠석골에는 6.25사변 이전까지 절이 운영되다가 갑자기 폐사되었는데, 빈대 때문에 절에 불을 질렀다는 소문이 돌았다"고 한다. 지금은 그 흔적조차 찾아 볼 수 없으며, 20여 년 전 마을 하나가 거의 없어질 만큼의 큰 수해로 인해 유실되었다고 한다.

▣ 장계면 삼봉리 사지

장계면과 계북면의 경계를 이루는 깃대봉에서 남쪽으로 뻗은 지류 끝자락에 탑동마을이 있다. 마을은 장계천을 따라 넓게 펼쳐진 들판과 직접 연결된 남쪽을 제외하면 사방이 지류들로 감싸여 있다. 마을 입구에는 석탑 옥개석과 석등 부재를 모아서 쌓은 석탑과 주변에 석등 중대석이 있다. 이들 석재는 마을 주변의 밭을 경작하는 과정에 나온 것으로 이 마을 주민들이 한데 모아 놓은 것이라고 한다.

이 마을 주민을 대상으로 면담조사와 두 차례의 현지조사를 실시하였지만, '개안사' 혹은 '정토사'라는 절 이름이 전해진다는 사실만을 확인하였다. 그리고 마을 주변의 밭에서 기벽이 얇은 고려시대 토기편과 청자편, 백자편, 기와편을 다량으로 수습하였다. 석탑 옥개석의 양식이나 지표 수습 유물의 속성을 종합해 볼 때, 이 절의 창건연대는 고려 초까지 올려 볼 수 있을 것으로 추정된다. 지금도 계속되고 있는 농경지의 경작활동으로 인해서 유구가 유실되고 있기 때문에, 이 절의 규모와 창건연대를 밝히기 위한 차원에서 발굴조사가 조속히 추진되어야 할 것으로 판단된다.

▣ 장계면 월강리 사지

장계면 월강리 도장골마을 주민의 제보에 의하면, "깃대봉 남서쪽 기슭 중단부에 '빈대절터' 라고 전해지는 절터가 남아있다"고 한다. 그런데 아쉽게도 사람이 들어갈 수 없을 정도로 잡목이 우거져 현지를 답사하지 못했다. ≪문화유적총람≫에도 '탑재로 보이는 파괴된 개석 두 개가 있다' 70)고 보고되었는데, 주민들의 증언대로 이곳에는 절터가 자리하고 있을 가능성이 매우 높다.

▣ 계북면 양악리 건물지

계북면 양악리 양악댐 수몰지구 내에 위치하는 건물지로, 1990년 전북대학교 박물관에 의해 발굴조사71)가 이루어진 유적이다. 다시 말하면 건물지는 댐이 축조된 곳에서 직선거리로 60m 남짓한 곳에 동서방향으로 길게 자리하고 있다. 건물지의 성격은 명확하게 밝혀지지 않았지만, 건물지에서 시루봉으로 향하는 북쪽 골짜기에는 '심방사' 라 전하는 절터가 자리하고 있어서, 이와의 관련성을 생각해 볼 수 있다. 유구는 파괴가 심하여 전체적인 형태는 알 수 없었으

---

70) 文化財管理局, 1975, ≪文化遺蹟總覽≫, 47쪽.
71) 윤덕향, 1991, 〈 장수 양악 · 오동댐 수몰지구 발굴조사 보고서 〉, 전북대학교 박물관 · 장수군 · 남원농지개량조합.

며, 다만 구들유구와 돌쩌귀와 같은 할석 유물 등이 파악되었을 뿐
이다. 유물은 고려에서 조선에 이르는 토기편, 자기편, 기와편 등이
출토되었다.

5. 성과 봉수대/城·烽燧臺

■ 장수읍 합미성지

전라북도 기념물 제 75호로 지정된 것으로, 장수읍에서 산서면
소재지로 넘어가는 자고개 북쪽에 위치하고 있다. 즉 팔공산에서 남
쪽으로 뻗어내린 해발 800m 정도 되는 능선의 정상부에 위치하고
있으며, 후백제 때 축성된 것으로 전한다.

≪동국여지승람≫에는 '聖迹山城石築周九百七十尺 高十尺 今半
頹廢' 라고, ≪문헌비고≫에는 '聖壽山城 在西南 十五里石築 周九百
七十尺 今廢' 라고 기록되어 있다. 성벽은 북서쪽과 남쪽 일부만이
비교적 온전하게 보존되어 있을 뿐이며, 그 밖의 것은 대부분 무너
져 내렸다. 성벽의 하단부는 비교적 대형의 장방형 돌로 처리하고

팔공산 남쪽 기슭에 위
치한 장수읍 합미성지

계남면 침곡리 산성 성벽 근경. 성벽은 20m 정도 보존되어 있으며, 성벽의 높이가 7m 내외이다.

위로 올라 가면서 바닥석보다는 작은 돌을 이용하여 축성하였다. 현존하는 성의 규모는 둘레 320m, 높이는 외측 5m이며, 내측 1.5m 정도이다. 이 성은 군량미를 이곳에 보관하였다고 하여 일명 '합미성'이라 부르고 있으며, 얼마 전 까지만 해도 성의 내부에는 성에 주둔하고 있던 군사들이 사용할 물을 지하로 급수하던 수로관 시설의 흔적이 있었다고 전한다. 그러나 성의 내부가 잡목과 수풀 이 우거져 수로관시설의 흔적을 확인할 수 없었다. 유물은 다량의 기와편과 회청색 경질토기편 등이 수습되었다.

■ 장수읍 용계리 성지

이곳은 ≪문화유적총람≫에 '무너진 자연석들이 남아 있는데 임진왜란 때 적을 방어하기 위하여 축성했다'고 소개되어 있지만, 현재 잡목과 잡초가 우거져 성의 흔적을 찾을 수 없다.

■ 계남면 침곡리 산성

장계에서 서쪽으로 2.5Km 떨어진 계남면 침곡리와 천천면 춘송리의 경계를 이루는 남북으로 뻗은 능선의 정상부에 위치하고 있다. 이 성은 장방형의 할석과 자연석을 이용하여 남북의 골짜기를 막고 동쪽에 노출된 산봉우리를 따라 쌓은 석성이다. 성안의 곳곳에는 넓은 대지를 평탄하게 다진 곳이 있으나 잡목이 무성하게 우거져서 확실하게 그 성격을 파악할 수 없지만 일단 건물지로 추정된다. 성벽은 남쪽과 북쪽을 제외하고는 대부분 무너져 내렸으며, 최고 높이는 7.7m 정도 된다. 전설에 의하면, '이 성지는 삼국시대에 신라와 백제의 경계지점으로 백제의 전초지였다'고 전한다. 또 '임진왜란 때에는 남장군과 여장군으로 나누어 여자는 돌을 운반하고 남자는 성을 쌓았다'는 전설도 있다. 성안과 무너져 내린 성벽의

주변지역에는 기와편과 회청색 경질토기편이 다량으로 산재되어
있다.

■ 계남면 침곡리 합미산성

위에서 설명한 침곡리 산성에서 북쪽으로 300m 떨어진 산에 있는
산정식 석성이다. 합미성과 침곡리 산성 사이에는 육십령으로 연결
되는 동서방향 교통로가 통과하는 방아다리재가 있으며, 동쪽 기슭
말단부에 방아재마을이 있다. 마을 주민들의 제보에 의하면, "이 산
의 8부 능선에는 무너져내린 성벽이 있으며, 본래 군량미를 보관해
두어 지금도 합미성으로 부르고 있다"고 하였다.

■ 장계면 삼봉리 산성

장계면 소재지에서 동쪽으로 3km 떨어진 국도 남쪽에 우뚝 솟은
산봉우리에 있다. 백화산에서 북쪽으로 뻗은 산줄기는 육십령에서
발원하여 서쪽으로 흐르는 장계천에 이르러 절벽을 이룬다. 성은
산정식 산성으로 '시루봉'이라고 불리는 남산에 위치하고 있으며,
그 길이는 340m로 현재 14m 정도 잘 남아있다. 삼국시대 산성으로
성벽은 대부분 무너졌으나 원형을 어느 정도 살필 수 있다.

■ 장계면 명덕리 성지

남덕유산에서 남쪽으로 뻗은 소백산맥의 준령 정상부에 자리하
고 있다. 이 산성을 중심으로, 서쪽에는 8부 능선상에 이미 폐광된
석회광산이 있으며, 남쪽에는 장계에서 육십령을 넘어 거창으로 연
결되는 26번 국도가 지난다. 동서 기슭은 급경사면를 이루고 있으
며, 남북 양쪽은 능선의 줄기가 계속되면서 비교적 완만한 지형을
이룬다. 산성은 봉우리의 정상부를 두르고 있는 테머리식 석성으로

길이 100m 쯤 성벽이 남아있다. 성벽이 무너져 정확한 축성방법을 파악할 수 없지만 대체로 할석을 이용하여 쌓은 것으로 보인다. 성의 내부에서 회청색 경질토기편이 일부 수습되었다.

■ 번암면 이산산성 /耳山山城

장수군과 남원시 경계를 이루는 경계에 입지를 두고 있는데, 행정구역상으로는 번암면 유정리에 속한다. 소백산맥 준령 정상부에 위치한 시리봉에서 남서쪽으로 1.7km 남짓 떨어진 곳으로, 북쪽에는 번암면 논곡리와 남원시 아영면 아곡리를 연결해 주는 새맥이재가 있다. 성의 축성방법이나 규모는 상세하게 살필 수 없다.

■ 번암면 사현산성 /沙峴山城

번암면 유정리와 남원시 운봉면 가산리 경계에 위치한 산 정상부에 위치하고 있는 산정식 석성이다. 88고속도로가 통과하는 사치재에서 남쪽으로 700m 남짓 떨어진 곳에 위치하고 있으며, 바로 위에서 소개한 이산산성과는 직선거리로 2Km 쯤 거리를 두고 있다. 성벽은 산 기슭에 붙여 자연석에 가까운 할석을 이용하여 모로쌓기

방식으로 쌓았으며, 유물은 회청색 경질토기편과 기와편이 상당량 수습되었다. 이산산성과 함께 백제와 신라의 접경지대에 위치하고 있는 점에서 그 의의가 자못 크다고 할 수 있다.

■ 산서면 거녕성

장수군과 남원시의 경계를 이루는 성산 정상부에 위치하고 있으며, 행정구역상으로는 장수군 산서면 봉서리에 속한다. 이 일대는 백제 때 거사물현居斯勿縣으로서 통일신라시대 때 거사물정居斯勿停을 두어 백제 옛 땅의 지방 군제의 근거지가 되었던 곳이다. 성에서 동쪽으로는 장수방면의 합미성, 남쪽으로는 남원시 이백면 척문리산성, 그리고 서쪽으로는 순창으로 가는 길목에 적성산성이 자리하고 있다. 성벽은 장방형의 할석을 이용하여 쌓았는데, 현재 대부분이 무너져 내린 상태이며, 다만 남쪽과 북서쪽 지역의 성벽만이 비교적 온전하게 남아있다. 성벽의 높이는 6m내외이며, 길이는 350m정도이다. 성벽 주변에는 문설주로 보이는 석제와 회청색 경질

장수군 산서면과 남원시 보절면 경계에 위치한 거녕성

토기편과 다량의 기와편이 산재되어 있다. 성의 내부에는 여러 기의 민묘와 인근지역의 유생들이 모여서 시문을 짓던 팔작지붕으로 된 성은정사城隱精舍와 영월암映月庵이 자리잡고 있다.

■ 산서면 사계리 성지

남원시 보절면 성시리와 경계를 이루는 해발 322m 고지상에 있다. 즉 약 90m 정도의 성벽 흔적이 있는데, 지금 남아 있는 성벽의 가장 높은 곳은 약 5.2m 정도이며 성내에는 우물터 한 곳이 있다. 이 일대는 백제시대의 거사물현居斯勿縣으로서, 신라대에는 거사물정을 두어서 백제 고토 지방군제의 근거지가 되었던 곳이다. 동으로는 장수방면의 성수산성, 남으로는 운봉으로 진출하는 이백면 척문리산성, 그리고 서로는 순창으로 가는 적성산성, 북으로는 임실방면으로 연결하는 중심지이다.

■ 장수읍 개정리 봉수

장수읍과 번암면의 경계를 이루는 사두봉蛇頭峰에서 북쪽으로 흘러내린 능선의 정상부에 160m 정도의 석축이 남아 있다고 전해지나, 지금은 잡목과 잡초가 무성하게 우거져 그 흔적을 찾을 수 없다.

■ 장수읍 장안산 봉수

'장안산에 둘레가 250m의 석축으로 된 봉수대가 있으나 모두 붕괴되어 그 형태를 알아보기 힘들고 흔적만 남아있다' 고 ≪문화유적총람≫에 소개되어 있다. 그러나 지금은 수풀이 무성하게 우거져 그 흔적을 찾을 수 없다.

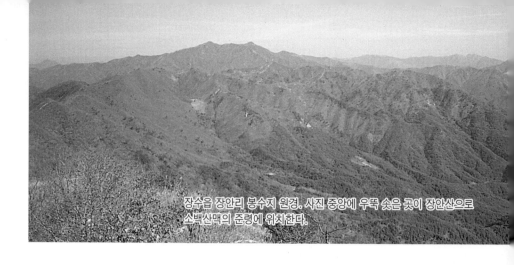
장수읍 장안리 봉수지 원경. 사진 중앙에 우뚝 솟은 곳이 장안산으로 소백산맥의 준령에 위치한다.

■ 장수읍 식천리 봉수

장수읍 식천리에 '개동산' 혹은 '봉화산' 이라 불리는 곳에 자리하고 있으며, 경상도와 전라도의 중계지로서 임진왜란 때 사용되었다고 전한다. 지금은 이 일대에 군사시설이 들어서 본래 봉수대의 위치와 규모를 상세하게 살피기가 어렵다.

■ 천천면 월곡리 봉수

천천면과 계남면의 경계를 이루는 봉화산 정상에 있다. 천천면 월곡리 박곡마을 주민들은 봉수대가 있는 봉우리를 '깃대봉' 이라 부르고 있다. 이 봉수대는 임진왜란 때 적의 침략을 알리기 위하여 사용하였던 것이라고 전하며, 현재 봉화터의 흔적은 없고 다만 정상부에 석축이 일부 남아있다. 석축은 봉화터를 보호하기 위해 동남쪽 기슭에 할석을 이용하여 쌓았으나 대부분 무너지고 길이 10m, 높이 70cm 정도 남아있다. 봉수대는 장안산이나 육십령 고개에서 올린 봉화를 진안, 마령 등지에 전달하였다고 한다.

■ 장계면 명덕리 봉수

육십령에서 북쪽으로 500m 떨어진 할미봉 정상부에 명덕리 산성이 자리하고 있는데, 산성 내부에 봉수대가 있었다고 전한다. 이것은 장계면 명덕리 주민들을 대상으로 이루어진 면담조사에서 밝혀진 사실로 봉수대와 직접 관련된 흔적은 발견하지 못했다.

■ 장계면 깃대봉 봉수

장계면과 계북면 경계 지점에 위치한 깃대봉 정상부에 봉수대가 있었다는 구전이 전해진다. 이러한 사실은 계북면 농소리 농소마을과 장계면 월강리 도장골마을 주민들을 대상으로 이루어진 면담조사에서 드러났다. 그러나 이 유적의 존재여부를 밝히기 위한 현지조사를 아직까지 실시하지 못했다.

■ 계북면 매봉 봉수

계북면 소재지에서 무주방면으로 가면 솔고개재가 나오는데, 이곳에서 남서쪽으로 500m 남짓 떨어진 매봉에 봉수대가 있었다고 한다. 이러한 사실은 면담조사를 통해 확인되었는데, 유구의 흔적은 발견하지 못했다.

■ 계북면 삿갓봉 봉수

계북면 소재지 동쪽에 우뚝 솟은 삿갓봉 정상부에 봉수대가 있었다고 한다. 계북면 어전리와 양악리 주민들을 대상으로 이루어진 면

계남면에서 바라 본 천천면 월곡리 봉수대 원경. 이곳에서는 장수의 전 지역을 한 눈에 조망할 수 있다.

담조사에서 드러났지만, 아직까지 현지조사를 실시하지 못했다.

■ 무주군 안성면 봉화산 봉수
무주군 안성면 소재지 북서쪽에 위치한 봉화산에 봉수대가 있었다고 한다. 봉화산은 무주군 안성면 진도리와 적상면 삼가리 경계지점에 있는 고봉으로서, 소백산맥 준령에서 서쪽으로 뻗은 능선에 위치한 고봉 중 하나이다. 이곳에 봉수대가 있었다는 사실은 안성면 소재지 주민들의 증언을 통해 확인되었는데, 아직까지 현지조사를 실시하지 못했다.

번암면 노단리 봉수지.
소백산맥의 준령에 위치
하고 있으며, 사진 중앙
이 노단리 봉수지이다.

■ 무주군 안성면 매방재산 봉수
장수에서 무주로 연결되는 19번 국도를 따라 가면 안성면 죽천리 평장마을이 나오는데, 이 마을 서쪽에 우뚝 솟은 매방재산에 봉수대가 있었다는 구전이 전해진다고 한다. 이러한 사실은 죽천리 주민들의 증언을 통해 드러났는데, 언제 어떤 목적으로 봉수대를 만들었는가에 대해서는 아직 확실하지 않다.

■ 번암면 노단리 봉수

장수군 번암면과 남원시 아영면 경계를 이루는 봉화산 정상에 위치하고 있다. 봉수대에서 북동쪽으로 1km 정도 떨어진 지점에서 전북과 경남의 도계를 이룬다. 봉수대가 있었던 정상부에는 민묘가 자리하고 있으며, 그 주변에 석축이 노출된 점으로 보아 민묘를 축조하면서 상당부분 파괴되었을 것으로 추정된다. 봉수산 정상부에는 석축이 무너진 상태로 돌려져 있다.

■ 산서면 사계리 봉수

산서면 사계리 사계봉 정상에 흙으로 단을 만들어 봉수대를 사용했다고 전하고 있는데, 그 흔적을 찾을 수 없다.

6. 유물산포지/遺物散布地

■ 장수읍 선창리 유물산포지

장수읍에서 719번 지방도를 따라 천천면 소재지 방면으로 200m쯤 가면 음선마을로 들어가는 입구가 나온다. 마을로 들어가는 소로의 남쪽에는 완만한 지형을 이루는 구릉지대가 있는데, 정상부와 남서쪽 기슭에서 토기편과 자기편이 수습되었다. 구릉지대의 정상부에서 주로 수습된 토기편은 원삼국시대의 것이 주종을 이루고 있으며, 여기에 한점의 점토대토기편이 포함되어 있다. 그리고 남서쪽 기슭에서는 회청색 경질토기편과 자기편, 그리고 기와편이 혼재된 상태로 수습되었다. 이곳은 북동쪽에 위치한 싸리재를 통해 장계면 방면, 장계천을 따라 천천면 일대로 나아가는 두 갈래의 교통로가 갈라지는 분기점이다. 이러한 지리적인 이점을 살려, 이 일대에는 선사시대부터 역사시대까지 서로 선후관계가 다른 유적이 조영되었을 가능성이 높다.

■ 장수읍 노하리 유물산포지

장수읍 소재지에서 서쪽으로는 북류하는 금강이 흐르고 건너편
에는 노하리에 속하는 새터마을과 봉강마을이 자리한다. 이들 마을
은 봉황산에서 동쪽으로 뻗어 내린 지류의 끝자락에 자리하고 있다.
마을 사이는 대부분 밭으로 경작되고 있는데 금강까지 뻗어 내린 낮
은 구릉 일대가 노하리 유물산포지에 속한다. 유적과 접하여 서쪽으
로는 노하리 와요지 C가 자리하고 있다. 여기서 수습된 유물은 그리
많지 않지만 회청색 경질토기를 비롯하여 회색 연질토기, 자기류
등이 주류를 이룬다. 유적의 입지와 지리적인 요인으로 볼 때, 건물
지 또는 고분과 관련된 유구가 자리하고 있을 가능성이 높다.

■ 장수읍 노곡리 유물산포지

계남면과 경계를 이루는 피나무재를 가려면 신리마을 뒤로 이어
지는 임도를 이용해야 한다. 임도가 시작되는 신리마을 뒤에는 노곡

장수읍 노하리 유물산포지 전경. 봉황산 동쪽 기슭 하단부로서, 이곳에는 지석묘·고분·도요지·
와요지·유물산포지 등 그 시기와 성격을 달리하는 다양한 유적이 밀집되어 있다.

리 고분군 B에서 뻗은 지류의 끝자락이 밭으로 경작되고 있는데, 이 일대가 노곡리 유물산포지에 해당된다. 유적은 동서방향으로 자리하고 가운데 상당부분이 민묘구역으로 조성되어 있다. 수습된 유물은 대부분 격자문이 시문된 회청색 경질토기편과 분청사기편이다. 소량이기는 하나 기와편도 수습되었다. 유물의 조합상으로 볼 때 고분 또는 건물지와 관련된 유구가 자리하고 있을 가능성이 높다.

■ 장수읍 동촌리 유물산포지 A

동촌마을에서 북동쪽으로 300m 떨어진 곳에서 토기편과 자기편, 기와편이 수습되었다. 이곳은 지형이 완만한 구릉지대로 북쪽의 임야지대를 제외한 다른 지역은 이미 밭으로 개간되었다. 유물은 밭으로 개간된 지역에서만 수습되었는데, 구릉지대의 정상부에서는 원삼국시대 토기편이 몇 점 수습되었다. 그리고 남동쪽 기슭에서는 회청색 경질토기편과 기벽이 얇은 고려시대 토기편, 자기편, 기와편 등이 섞인 상태로 수습되었다. 유물의 조합상과 지형적인 속성으로 볼 때, 이곳에는 수습된 유물과 관련된 생활유적이 오랜 기간 동안 조영되었을 것으로 추정된다.

■ 장수읍 동촌리 유물산포지 B

모두 40여 기의 고총이 발견된 동촌리 고총군 북서쪽에는 동촌리 유물산포지 B가 자리하고 있다. 마봉산馬峰山에서 의암사義岩祠[72] 까지 뻗은 지류의 북쪽 기슭에 위치하고 있으며, 유물은 토기편, 자기편, 기와편이 다량으로 수습되었다. 토기편은 회청색 경질토기편이 주종을 이루면서 적갈색 연질토기편이 일부 포함되어 있다. 전자

---

72) 의암 주논개의 위패와 영정을 봉안하고 있는 곳으로 장수읍 두산리 남산에 자리하고 있다.

장수읍 두산리 유물산포
지 전경. 격자문과 승석
문이 타날된 적갈색 연
질토기편이 다량으로 수
습된 장수읍 두산리 유
물산포지로, 그 반대편
에는 40여 기의 고총이
밀집된 두산리 고총이
자리하고 있다.

는 저부가 상당히 넓고 한두 줄의 밀집파상문이 거칠게 시문된 고려
시대 토기편이 주종을 이루며, 후자는 동쪽의 고총군이나 남쪽의 두
산리 유물산포지에서 기슭을 따라 흘러 내려온 것이 적지 않을 것으
로 추정된다. 자기편은 청자편, 분청사기편과 백자편이 혼재되어 있
으며, 기와편도 문양이나 두께가 다른 것이 섞여있다. 이미 밭으로
개간된 지역에는 건물지 기단석이나 초석으로 추정되는 석재가 노
출된 점에서, 이 일대에는 건물지를 비롯하여 수습된 유물과 관련
된 생활유적이 있었을 가능성이 있다.

■ 장수읍 두산리 유물산포지

위에서 소개한 동촌리 유물산포지 B의 반대편에 해당된다. 이곳
은 지형이 가파르지 않아 일찍부터 '장수공동묘지'로 조성된 상태
이며, 아직 묘역으로 조성되지 않은 밭에서 토기편이 다량으로 수
습되었다. 토기편은 표면에 격자문과 승석문이 타날된 적갈색 또는
회갈색 연질토기편이 주종을 이루고 있으며, 지류의 정상부에서는
회청색 경질토기편도 일부 수습되었다. 그리고 남쪽 기슭 중단부에

서는 소토가 일부 확인되었는데, 소토와 관련된 유구의 흔적은 발견되지 않았다. 토기편의 조합상이 다양하지 않고 기슭에 입지를 두고 있어, 이 일대에는 수습된 유물과 관련된 분묘유적이 있었을 가능성이 높다. 아울러 토기편이 수습된 지역에는 석재가 보이지 않는 점에서, 그 축조시기가 상당히 올라가는 고분이 조사될 가능성도 충분히 내재되어 있다.

■ 장수읍 송천리 유물산포지

송천리 고분군 B에서 남서쪽으로 300m 떨어진 지점에 동서로 길게 뻗어 내린 한 갈래의 지류가 있다. 지류의 중앙에 해당하는 남쪽 기슭에서 회청색 경질토기편과 분청사기편, 백자편, 기와편 등이 혼재된 상태로 수습되었다. 회청색 경질토기편은 기벽이 매우 얇고 저부가 상당히 넓은 점에서 고려시대 토기편으로 추정되며, 자기편과 기와편도 그 종류가 다양한 조합상을 보인다. 유구의 흔적이 발견되지 않아 그 성격을 속단하기가 쉽지 않지만, 이 지역에는 수습된 유물과 관련된 건물지가 있었을 것으로 추정된다. 그리고 여기서 서쪽으로 200m 남짓 떨어진 남쪽 기슭 중단부에는 고분의 벽석이나 개석으로 추정되는 할석이 일부 노출되어 있다.

■ 장수읍 식천리 유물산포지

식천리는 대성리와 함께 '대성고원大成高原'이라 불리는 해발 550m 내외되는 전형적인 고원지대이다. 팔공산, 묘복산, 상서산, 신무산으로 연결되는 험준한 지류가 사방을 병풍처럼 감싸고 있어, 지형상으로는 천혜의 요새지를 이룬다. 신무산 서쪽 기슭에 위치한 식천리는 지형이 험준한 산악지대로 식천마을 주변에 협장한 골짜기만 형성되어 있다. 유물은 '장수곱돌' 공장 남쪽에 위치한 지류의 정상부와 식천마을 주변의 협장한 골짜기에서 고려시대 토기편과 자기편이 수습되었다. 유물이 수습된 지역이 이미 농경지로 개간되어서 유구의 흔적을 발견하지 못했지만, 이 일대에는 수습된 유물과 관련된 유적이 있었을 것으로 추정된다.

■ 천천면 연평리 유물산포지

신기마을 서쪽에는 금강이 북쪽으로 흐르고, 다시 그 서쪽에 진안군과 경계를 이루면서 한갈래의 지류가 남북방향으로 뻗어 내렸다. 지류의 정상부와 동쪽 기슭에서 기벽이 얇은 고려시대 회청색 경질토기편과 백자편이 일부 수습되었다. 지류의 동쪽은 수직에 가까운 절벽을 이루면서 금강과 접하고 있으며, 다른 지역은 민묘구역을 제외하면 모두 밭으로 개간되었다. 이처럼 금강변에 위치하고 있으면서 완만한 지형을 이루어 유적이 들어설 수 있는 좋은 여건을 갖추고 있지만, 유구의 흔적은 발견되지 않고 유물의 밀집도도 그다지 높지 않다.

■ 천천면 오봉리 유물산포지

동서방향으로 뻗은 지류가 곡선을 이루면서 구상마을 북쪽을 감싸고 있는데, 그 주변은 모두 농경지로 개간되었다. 마을 주변과 그 북쪽에 위치한 지류의 남쪽 기슭에서 토기편과 자기편이 수습되었다. 토기편은 기벽이 얇은 회청색 경질토기편이 수습되었으며, 자기편은 백자편이 주류를 이루면서 여기에 분청사기편이 일부 포함되어 있다. 마을 주민들은 "양지 바른 곳에서 돌로 만든 고려장이 도굴로 벽석이 무너져 내린 것을 보았다"고 제보해 주었다.

■ 천천면 봉덕리 유물산포지

봉덕리 검덕마을과 삼고리 삼장마을 사이에는 동서방향으로 뻗은 지류가 자리하는데, 동쪽 사면은 비교적 완만히 뻗어내려 북류하는 금강과 마주하고 있다. 현재 이곳은 기슭을 그대로 이용해 밭으로 경작되고 있으며, 여기서 격자문과 승석문이 타날된 회청색 경질 토기편과 자기편, 기와편 등이 수습되었다.

■ 천천면 월곡리 유물산포지 A

월곡리는 북쪽으로 흐르는 장수천을 따라 넓은 들판이 펼쳐진 곳이다. 1998년 농지정리사업을 진행하던 중 월곡초등학교에서 북쪽으로 200m 떨어진 지점에서 빗살문토기편과 석제 방추차가 수습되어 유적의 존재가 드러났다. 1998년 전북대학교 박물관 주관으로 유물이 수습된 지역과 북쪽으로 250m 떨어진

천천면 월곡리 농지정리 사업 현장에서 모습을 드러낸 빗살문토기편과 석제 방추차

곳에 위치한 남양리 유적을 하나로 묶어 긴급 수습조사가 이루어졌다. 그리고 여기서 서쪽으로 600m 떨어진 남쪽 기슭에도 많은 고분이 밀집되어 있었는데, 이 일대에 대규모 경마장을 건설하면서 대부분의 고분이 유실되었다.

■ 천천면 월곡리 유물산포지 B

월곡리 반월마을 178번지 일대의 농경지 정리사업 현장으로 반월마을 진입로 부근의 장척 2지구 경지정리사업 공사 현장에서 파헤쳐진 흙무더기와 주변에서 다량의 유물이 수습되어 1999년 전북대학교 박물관에 의해 조사되었다. 유구는 이미 이루어진 공사로 인해 파괴되어 흔적을 찾을 수 없었으며, 다만 흙무더기와 시굴 구덩이에서 신석기시대에 해당되는 빗살무늬토기편 및 청동기시대의 무문토기편과 각종 석기(돌보습, 갈판, 석도 등)가 다량 수습되었다.

■ 계남면 침곡리 유물산포지 A

요전마을 남쪽에 자리한 마무산馬舞山 북동쪽 논에서 유물이 수습되었다. 이곳은 북쪽으로 흐르는 계남천을 따라 서쪽에 넓게 펼쳐진 들판에 해당된다. 모든 지역이 계단식 논으로 개간되어, 유구의 흔적이 발견되지 않았지만 토기편과 자기편, 기와편 등 다양한 유물이 수습되었다. 더욱이 이곳에 유적이 자리하고 있을 가능성은 "장계면 소재지에서 남쪽으로 1km 떨어진 옛터에 장계현長溪縣의 치소가 있었다"는 구전을 통해서도 입증된다. 토기편은 무문토기편과 원삼국시대 토기편, 회청색 경질토기편, 고려시대 토기편 등이 망라되어 있다. 기와편도 막새류는 보이지 않았지만 문양이나 두께가 다른 다양한 것이 혼재된 조합상을 보인다.

■ 계남면 침곡리 유물산포지 B

사곡마을 뒤쪽에 위치한 동서방향으로 뻗어내린 지류의 정상부와 남쪽 기슭에서 토기편이 수습되었다. 이곳은 법화산法華山 동쪽 기슭 끝자락으로 모든 지역이 밭이나 민묘구역으로 조성되었다. 2000년 농수로공사를 위해 파놓은 구덩이에서 주거지 벽선이 드러났는데, 그 깊이는 아래쪽으로 내려가면서 점차 낮아지는 양상을 보였다. 주거지 내부에는 격자문과 승석문이 타날된 연질토기편과 숯이 혼재된 상태로 퇴적된 점에서, 그 시기는 일단 원삼국시대로 추정된다. 그리고 침곡리 지석묘군 A가 자리한 지류의 정상부와 남쪽 기슭에서도 다량의 토기편이 수습되었으며, 토기편이 분포된 범위는 동서 길이 200m, 남북 폭 150m 내외이다.

계남면 침곡리 유물산포지 지표 수습 토기편 모음

토기편은 적갈색과 회갈색을 띠고 격자문과 승석문이 타날된 원삼국시대 토기편이 많은 양을 차지하고 있으며, 여기에 회청색 경질토기편도 일부 포함되어 있다.

■ 계남면 침곡리 유물산포지 C

침곡리 고분군 B와 인접되어 지형상으로 구분하기 쉽지 않아 고분군에 포함되지 않은 모든 지역을 묶어 침곡리 유물산포지 C로 설정하였다. 즉 고분군 북동쪽에 동서방향으로 300m 남짓 뻗어 내린 한 갈래의 지류가 여기에 해당된다. 이곳은 민묘구역이나 밭으로 개간된 지역을 제외한 다른 지역은 소나무와 잡목이 무성하게 우거져 있다. 유물은 지류의 정상부와 남쪽 기슭에서 승석문이 타날되고 적갈색을 띠는 연질토기편이 수습되었다. 그리고 고분군과는 경계가 분명하지 않지만, 이미 밭으로 개간된 동쪽 기슭에서도 격자문이 타날된 연질토기편이 일부 수습되었다. 토기편의 기종이 다양하지 않고 주거지와 관련된 구체적인 증거도 드러나지 않는 것으로 보아, 이곳에는 분묘유적이 자리하고 있을 가능성이 높다.

■ 계남면 화음리 유물산포지 A

백화산白華山 서쪽 기슭 하단부에 넓게 펼쳐진 구릉지대 중앙에 고정마을이 있다. 이 마을 주변의 구릉지대에서 회청색 경질토기편, 고려시대 토기편, 백자편, 기와편 등이 수습되었다. 유물이 상당히 광범위한 지역에 산재되어 있었지만, 이를 하나로 묶어 화음리 유물산포지 A라고 처리하였으며, 유구의 흔적은 발견되지 않았다. 다만 지형적인 속성이나 유물의 조합상을 근거로, 백화산 서쪽 기슭에는 분묘유적 내지 생활유적이 자리하고 있을 가능성이 있다.

■ 계남면 화음리 유물산포지 B

화산마을 남쪽에는 동서로 뻗은 지류가 마을을 감싸고 있는데, 지류의 정상부에서 소량의 회청색 경질토기편과 자기편이 수습되었다. 그리고 남쪽 기슭에는 고분의 벽석으로 추정되는 석렬과 도굴 구덩이가 있었지만, 유물은 수습되지 않았다. 그런가 하면 북쪽 기슭 중단부에 위치한 화산사華山祠 주변에는 "몇 년 전까지 도굴된 두 기의 고분이 노출되어 있었다"고 전하는데, 유구의 흔적을 찾지 못했다.

■ 계남면 화양리 유물산포지 A

화양리와 침곡리의 경계를 이루는 마무산이 여기에 해당된다. 마무산의 일부가 침곡리에 속해 있지만 이를 하나로 묶어 화양리 유물산포지 A에 모두 포함시켰다. 마무산은 법화산 동쪽 기슭 끝자락에 위치한 산으로, 양쪽에는 두 개의 봉우리가 솟아 있으며, 동쪽에는 북쪽으로 흐르는 계남천과 마주한다. 이들 봉우리 사이는 구릉지대와 동쪽 기슭도 경사가 완만한 지형을 이룬다. 유물은 이미 밭으로 개간된 정상부와 동쪽 기슭에서 무문토기편부터 회청색 경질토기편까지 다양한 기종의 토기편이 수습되었고, 북동쪽 기슭의 하단부에서는 자기편과 기와편이 수습되었다. 유물의 조합상이나 지형적인 속성을 근거로 추론한다면, 이 유적은 서로 시기를 달리하는 분묘와 생활유적이 맞물린 복합유적으로 판단된다.

▣ 계남면 화양리 유물산포지 B

법화산에서 마무산까지 흘러내린 지류가 난평마을 북쪽을 감싸고 있다. 이 지류의 정상부와 남쪽 기슭은 비교적 완만한 지형을 이루고 있는데, 이 지역에서 소량의 토기편과 자기편이 수습되었다. 기벽이 두꺼운 삼국시대 회청색 경질토기편이 대부분을 차지하는 토기편은 화양리 고총이 자리한 마을 뒤쪽에서 주로 수습되었다. 자기편은 청자편, 분청사기편, 백자편이 섞여있는데, 그 양은 많지 않다. 그리고 주민들의 증언에 의하면, "지금부터 10여 년 전 마을 중간 지점의 남쪽 기슭에서는 도굴된 상태로 2기의 회곽묘가 50m 내외의 간격을 두고 드러났는데, 지금은 흙으로 채워져 볼 수 없다"고 하였다.

▣ 장계면 명덕리 유물산포지 A

명덕리 중앙에 자리한 평지마을 동쪽에는 이미 농경지로 개간된 구릉지대가 발달해 있다. 특히 원명덕마을 사이에는 평탄한 지형을 이루는 구릉지대가 넓게 펼쳐져 있는데, 여기서 회청색 경질토기편과 백자편, 기와편 등이 혼재된 상태로 수습되었다. 이들 유물과 관련된 유구의 흔적을 발견하지 못했지만, 여기서 수습된 유물의 종류가 매우 다양하여 건물지가 자리하고 있었을 것으로 추정된다. 그리고 양지마을 서쪽 기슭에도 고분의 벽석으로 추정되는 석렬과 봉토처럼 생긴 봉우리가 있었지만, 그 의미를 파악하지는 못했다.

■ 장계면 명덕리 유물산포지 B

평지마을에서 26번 국도를 타고 장계면 소재지 쪽으로 1km 쯤 가면 우측에 수무촌마을이 나온다. 이 마을은 깃대봉 남쪽 기슭 끝자락에 입지를 두어 사방이 완만한 구릉지대로 감싸여 있다. 그리고 이곳은 육십령을 넘는 동서방향의 교통로를 이용하기 위해서는 이 마을을 거쳐야 할 정도로 교통의 길목이다. 오래 전 논으로 개간된 남쪽을 제외한 주변은 모두 밭으로 개간되었는데, 마을 북쪽 밭에서 승석문이 시문된 회청색 경질토기편과 자기편, 기와편이 수습되었다. 유구가 확인되지 않아 그 성격을 속단할 수 없지만, 유물의 조합상이나 지형적인 속성으로 볼 때 건물지가 있었을 것으로 추정된다.

■ 장계면 월강리 유물산포지

위에서 설명한 월강리 고분군 B가 자리하는 월광사 뒷능선의 남서쪽 끝자락으로 유적이 자리한 곳은 낮은 구릉을 이루며 대부분 밭으로 경작되고 있는데, 무문토기편에서부터 회청색 경질토기에 이르기까지 비교적 다양한 토기편이 수습되었다. 유적이 자리한 환경과 토기의 조합상으로 보아 생활유적 또는 고분이 자리하고 있을 가능성이 높다.

■ 장계면 송천리 유물산포지

송천리 고분군이 위치한 서변마을에서 남동쪽으로 바로 옆에는 신기마을이 자리하고 있다. 송천리 유물산포지는 신기마을이 자리한 능선의 북서쪽에 해당된다. 다시 말하면 신기마을과 도장골마을을 나누는 골짜기가 '학당골'이라 불리는 곳인데, 이 가운데 서쪽 능선의 서쪽 기슭이 이에 해당된다. 유물산포지가 위치하는 일대는 대부분 민묘로 조성되었고, 일부는 밭으로 경작되고 있었는데, 주민의 증언에 의하면 "몇 번에 걸쳐 도굴이 행해진 곳이며, 민묘조성 중 회곽묘가 파괴되었다"고 한다. 또한 밭 일대에서는 회청색 경질토기를 비롯하여 분청사기, 청자편 등이 수습되었다. 위와 같은 상황으로 보아 송천리 유물산포지에는 고려시대 이후의 고분이 자리하고 있을 가능성이 높다.

▣ 장계면 장계리 유물산포지

장계천을 따라 양쪽에 장계면 소재지가 형성되어 있다. 1998년 장계중학교에서 북동쪽으로 300m 떨어진 지역에서 문화마을을 조성하기 위한 기반공사가 진행 중이었다. 당시 50cm 깊이로 표토층을 걷어내자 격자문과 승석문이 타날된 원삼국시대 토기편과 방추차편이 수습되었다. 그리고 아직 경지정리사업이 이루어지지 않은 문화마을 주변의 논에서도 역시 원삼국시대 토기편이 일부 수습되었다. 이러한 정황으로 미루어 볼 때 장계천을 따라 양쪽에 형성된 들판에는 시기가 올라가는 생활유적이 자리하고 있을 가능성이 높기 때문에, 앞으로 이 일대를 대상으로 토목공사를 실시할 경우에는, 이 유적에 대한 보존방안이 절실히 요망된다.

▣ 장계면 금덕리 유물산포지

장계면 소재지에서 무주쪽으로 19번 국도를 따라 가면 완만한 지형을 이루는 금덕리가 나온다. 도로의 남쪽에는 위동과 침동마을이 있고, 북쪽에는 호덕마을이 자리잡고 있는데, 이들 마을 주변의 밭에서 토기편과 자기편이 수습되었다. 그리고 침동마을 남쪽 기슭에는 두 기의 회곽묘가 노출되어 있으며, 남쪽 지류에서도 몇 년 전 삼국시대 토기편이 수습되었다. 특히 호덕마을 북쪽과 금덕사 사이에서는 회청색 경질토기편과 자기편이 상당량 수습되었다. 그런데 아쉽게도 금덕리 일대를 대상으로 두 차례의 지표조사를 실시하였지만 수습된 유물과 관련된 유구의 흔적은 확인하지 못했다.

▣ 계북면 원촌리 유물산포지

원촌리 신촌마을 뒤에는 동서방향으로 뻗은 지류가 마을을 감싸고 있는데, 그 정상부와 남쪽 기슭에서 유물이 수습되었다. 지류가 그다지 험준하지 않아 남쪽에는 신촌마을이 조성되어 있고, 북쪽은 현재 토취장으로 개발 중이다. 유물은 밭으로 개간된 지역에서 회청색 경질토기편과 분청사기편, 백자편이 섞인 상태로 수습되었다. 이 마을 주민들의 증언에 의하면, "몇 년 전까지만 해도 마을에서 동쪽으로 250m 떨어진 남쪽 기슭에는 도굴된 상태로 두 기의 고려장이 드러나 있었는데, 지금은 흙이 채워지고 잡초가 우거져 그 위치를 확인할 수 없다"고 하였다. 이러한 증언의 내용이나 유물의 기종이 매우 단순한 점으로 보아 본래 이곳에는 시기를 달리하는 고분이 있었을 것으로 추정된다.

▣ 계북면 월현리 유물산포지 A

장계면 소재지에서 19번 국도를 따라 북쪽으로 가다보면 계북면과의 경계를 이루는 집재가 있고 이를 넘어 내리막길이 끝나는 지점에 삼거리가 나온다. 여기서 서쪽으로 난 길을 따라 가면 첫 마을이 월현리 장현마을이다. 장현마을은 남쪽기슭에 형성되어 있는데,

서쪽과 북쪽에는 비교적 골이 깊은 지류들이 감싸고 있고, 동쪽은 낮은 구릉으로 모두 밭으로 개간되어 있다. 유구는 확인할 수 없으나 상당량의 토기편과 자기편, 기와가 수습되었는데, 유물은 고려시대 토기편이 주종을 이루고 자기류는 백자대접편이 대다수를 차지하고 있다.

■ 계북면 월현리 유물산포지 B

월현리 유물산포지 A가 위치하는 장현마을에서 서쪽으로 난 도로를 따라 월현 제2·3교를 건너 500m 남짓 가면 우측에 월전마을이 자리하고 있다. 월현리 유물산포지B는 월전마을을 감싸는 산자락의 끝에 해당된다. 월전마을은 시루봉에서 남동쪽으로 뻗어 내린 두 개의 지류 가운데 위치하고, 남쪽 기슭은 대부분 밭으로 경작되고 있는데 전체에 유물이 산포되어 있다. 삼국시대에서 근대까지에 해당되는 유물이 수습되었는데 회청색 경질토기, 회색 도질토기, 적갈색 연질토기편 등과 기와류, 자기류 등으로 매우 다양한 조합상을 보인다.

■ 번암면 대론리 유물산포지

요천蓼川이 원촌마을에 이르러 둥글게 휘감아 돌면서 북쪽에 넓은 들판이 펼쳐져 있다. 이곳은 북쪽에 위치한 수분치를 통해 장수 방면, 보룡고개와 사치재를 넘어 '운봉고원雲峰高原'으로 나아갈 수 있는 동서와 남북방향의 교통로가 만나는 교통의 요지이다. 원촌마을 북쪽 논으로 개간된 들판에 건물지가 있었던 사실은 원촌마을 주민들의 증언을 통해 드러났다. "몇 년 전 경지정리사업이 이루어지기 전까지만 해도, 이 일대에서는 해마다 경작 중에 초석과 기단석으로 보이는 석재와 기와편이 다량으로 나왔다"고 하였다. 지표조사 때 유구의 흔적이 발견되지 않았지만, 논에서 회청색 경질토기편, 다양한 자기편과 기와편이 수습되었다.

■ 산서면 백운리 유물산포지

월평마을 북쪽에 위치한 밭에서 토기편과 자기편이 수습되었다. 유물이 수습된 지역은 남쪽 기슭 하단부로 지형이 매우 완만하여 모든 지역이 농경지로 개간되었다. 유물은 월평마을과 신흥마을 주변의 밭에서 수습되었는데, 토기편은 두께가 얇은 회청색 경질토기편이 주종을 이루고 여기에 두꺼운 것도 일부 포함되어 있다. 자기편은 청자편, 분청사기편, 백자편 등으로 다양하며, 기와편도 다양한 조합상을 보인다. 그리고 구흥마을 주민들에 의하면, "이 마을에서 북서쪽으로 200m 떨어진 남쪽 기슭 중단부에는 돌로 만든 고름장이 있었는데, 그 일대가 밭으로 개간되어 지금은 흔적을 찾아 볼 수 없다"고 하였다.

■ 산서면 학선리 유물산포지

임실군과 장수군의 경계를 이루는 영태산靈台山 남쪽 기슭 끝자락에 압곡마을이 있다. 이 마을과 그 북쪽에 위치한 구암마을 주변의 밭에서 토기편과 자기편이 수습되었다. 토기편은 외면에 돌대가 돌려지고 두께가 얇은 회청색 경질토기편이 주종을 이루고 여기에 소량의 격자문이 시문된 토기편도 포함되어 있다. 자기편도 분청사기편과 백자편이 혼재된 조합상을 보여주고 있는데, 백자편이 절대량을 차지한다. 이들 유물과 관련된 유구가 발견되지 않았지만, 유물의 조합상이 매우 다양한 것으로 보아 본래 건물지가 있었을 것으로 여겨진다.

■ 산서면 동화리 유물산포지

영태산靈台山 남서쪽 기슭 끝자락에 능곡마을이 있다. 마을에서 북쪽으로 500m 떨어진 남쪽 기슭 중단부에는 민묘구역 주변에 고분의 벽석으로 추정되는 할석이 노출되어 있다. 유구의 흔적이 확실하게 발견되지 않고 유물도 수습되지 않았지만, 지형적인 속성으로 볼 때, 고분이 자리하고 있었을 가능성이 높아 유물산포지로 분류하였다.

■ 산서면 오산리 유물산포지

하오마을 동쪽에는 영태산에서 오수천獒樹川까지 남북방향으로 길게 흘러내린 한 갈래의 지류가 있다. 이 지류는 민묘구역을 제외하면 대부분의 지역이 임야를 이루고 있으며, 동쪽 기슭 끝자락에서는 적갈색 연질토기편과 회청색 경질토기편이 일부 수습되었다. 그리고 민묘의 축대도 고분의 벽석에서 빼낸 것으로 추정되는 할석을 이용하여 쌓았다. 지류가 그다지 험준하지 않으면서 토기편의 기종도 매우 단순하고 벽석으로 추정되는 할석이 발견된 점에서 고분과 관련된 분묘유적이 자리하고 있을 것으로 추정된다.

■ 산서면 이룡리 유물산포지

산서면 소재지 중심부에서 남쪽에 위치한 시장교를 지나면 삼거리가 나오고, 여기서 다시 좌측으로 난 포장도로를 따라 만나는 첫 마을이 황사고미마을이다. 이 마을은 산서면 소재지인 북쪽을 바라보고 들어서 있고, 마을 뒤인 남쪽에는 밭으로 이용되는 낮은 구릉이 발달되어 있는데, 이곳에 이룡리 유물산포지가 자리한다. 그러나 황사고미마을 뒤편과 일부 민묘구역을 제외하고는 대부분이 계단식 밭으로 개간되었다. 유물의 대부분은 현재 밭으로 경작되는 곳에

서 회청색 경질토기편을 비롯하여 고려시대 토기편, 자기편, 기와편
등이 수습되었다. 수습된 토기가 다양한 것과 오수천을 바라보고 있
는 낮은 구릉상으로 보아 이미 밭으로 개간되어 버린 곳에도 유적이
자리하고 있었을 것으로 추정된다.

■ 산서면 신창리 유물산포지

신창리 소창마을과 암가마을 사이의 구릉지대에서 유물이 수습
되었다. 유물은 평탄한 지형을 이루는 구릉지대의 정상부와 동쪽 기
슭에서 토기편과 자기편이 수습되었다. 토기편은 격자문이 타날된
적갈색 연질토기편과 회청색 경질토기편이 주종를 이루고 있으며,
여기에 소량의 무문토기편도 포함되어 있다. 자기편은 백자대접편
을 비롯하여 기종이 다양하지 않은 소량의 백자편이 수습되었다.

■ 산서면 사계리 유물산포지

사계봉社桂峰 서쪽 기슭 끝자락에 위치한 대산촌마을 주변에서 토기편과 자기편이 수습되었다. 토기편은 회청색 토기편이 주종을 이루고 자기편도 다양한 조합상을 보여주고 있는 점에서, 이들 유물은 생활유적과 깊은 관련이 있을 것으로 보인다. 그리고 사계봉에서 새터마을까지 흘러내린 지류의 정상부와 남쪽 기슭에서도 소량의 회청색 경질토기편이 수습되었다. 토기편이 수습된 지역이 완만한 지형을 이루고 석재가 곳곳에 흩어진 점에서 분묘유적이 자리하고 있을 것으로 추정된다.

■ 산서면 하월리 유물산포지

창촌마을 북쪽을 감싸는 지류에 하월리 유물산포지가 자리하고 있다. 동서로 길게 뻗어 내린 지류는 지형이 완만하여 곳곳에 민묘 구역이 조성되어 있으며, 남쪽 기슭 하단부에는 이미 농경지로 개간되었다. 창촌마을 주민들의 증언에 의하면, "마을을 감싸고 있는 산에서 돌로 만든 고름장을 파헤치는 도굴 장면을 목격하였는데, 고름장은 상당히 넓은 지역에서 여러 기가 나왔다"고 하였다. 이러한 사실을 입증해 주듯, 지류의 남쪽 기슭에는 고분의 벽석으로 추정되는 천석이 흩어져 있으며, 고분·도요지·유물산포지 등 그 성격이 다른 6개소의 유적이 밀집되어 있다.

제 4장 유적에 담겨진 의미와 그 성격

제 4 장
유적에 담겨진 의미와 그 성격

1. 선사시대때 장수의 위상을 읽을 수 있는 지석묘

청동기시대 대표적인 묘제로 알려진 지석묘支石墓는 함경북도를 제외한 우리 나라의 전 지역에 10,000여 기가 산재되어 있다73). 그 가운데 고창군을 중심으로 호남지방에 50% 이상의 지석묘가 밀집되어 있다. 지석묘는 하나만 홀로 있는 경우도 있지만, 대부분은 무리를 이루고 있으며, 상석의 외형적인 속성을 기준으로 크게 북방식北方式과 남방식南方式으로 나뉜다.

북방식 지석묘는 4매의 판자모양 돌을 가지고 시신을 안치하는 석관을 지상에 만들고, 그 위에 거대한 판자모양의 상석을 올려놓은 것을 말한다. 외형적인 모양이 마치 탁자와 흡사한 형태를 띠고 있어 '탁자식 지석묘' 라고도 불린다. 남방식 지석묘는 지하에 시신을 안치하는 석관이나 석곽 등의 매장시설을 만들고, 그 위에 큰 상석을 올려놓아 축조된 형식을 말한다. 남방식 지석묘는 어떻게 상석을 올려놓았는가에 따라 다시 두 가지 형식으로 세분된다. 예컨대

---

73) 이영문, 2001, ≪고인돌 이야기≫, 다지리.

상석이 몇 개의 지석으로 고여 있는 것은 기반식碁盤式 지석묘, 땅 위에 직접 상석이 얹혀 있는 경우는 개석식蓋石式 지석묘라고 부른다. 이러한 형식의 지석묘가 대체로 우리 나라의 북쪽보다 남쪽에 많이 분포되어 있는 이유로 남방식 지석묘라고 부른다.

장수에는 남방식과 북방식 지석묘가 공존하고 있다. 하지만 북방식으로 보고된 장계면 삼봉리 지석묘를 제외하면, 다른 것은 모두 남방식으로 기반식과 개석식이 절반씩 섞여있다. 그간의 지표조사에서 밝혀진 자료를 종합해 보면, 지석묘는 20여 개소의 유적에서 대략 70여 기가 있었던 것으로 알려졌다. 지석묘는 금강의 본류와 그 지류를 따라 교통로가 통과하거나 구릉지대가 발달한 지역에 주로 분포되어 있었다. 요컨대 육십령으로 연결되는 동서방향의 교통로가 통과하는 장계천 주변에 30여 기의 지석묘가 있었다. 그리고 섬진강 수계권에서 자고개와 비행기고개를 넘어 장수읍으로 연결되는 동서방향의 교통로가 통과하는 산서면에도 40여 기의 지석묘가 있었다.

그런데 지금은 천천면 삼봉리를 비롯하여 10여 개소의 유적에서 20여 기의 지석묘만 남아있다. 여기에 2000년 지표조사에서 새롭게 발견된 10여 기의 지석묘가 포함되어 있기 때문에, 종래에 보고되었던 지석묘는 대부분 유실된 것으로 추측된다. 특히 장수에서 지석묘가 가장 밀집된 산서면에는 30여 기의 지석묘가 있었던 곳으로 알려졌는데, 지금은 압곡마을 입구 논 둑에 1기의 지석묘만 원상대로 보존되어 있을 뿐이다. 최근에 실시된 면담조사에서 밝혀진 바에 의하면, 천천면 남양리에는 농지정리사업을 실시하기 이전까지만 해도 10여 기 이상의 지석묘가 있었다고 한다. 그리고 〈 표 2 〉에서 1기의 지석묘만 있는 것으로 알려진 유적의 경우에도 본래 더 많은 지석묘가 있었던 것으로 파악되었다. 그렇다면 장수에는 본래 100

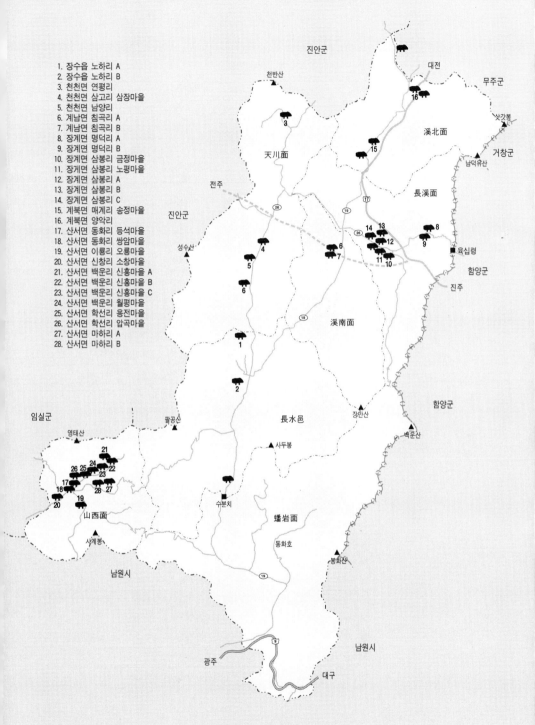

1. 장수읍 노하리 A
2. 장수읍 노하리 B
3. 천천면 연평리
4. 천천면 삼고리 삼장마을
5. 천천면 남양리
6. 계남면 침곡리 A
7. 계남면 침곡리 B
8. 장계면 명덕리 A
9. 장계면 명덕리 B
10. 장계면 삼봉리 금정마을
11. 장계면 삼봉리 노평마을
12. 장계면 삼봉리 A
13. 장계면 삼봉리 B
14. 장계면 삼봉리 C
15. 계북면 매계리 송정마을
16. 계북면 양악리
17. 산서면 동화리 등석마을
18. 산서면 동화리 쌍암마을
19. 산서면 이룡리 오룡마을
20. 산서면 신창리 소창마을
21. 산서면 백운리 신흥마을 A
22. 산서면 백운리 신흥마을 B
23. 산서면 백운리 신흥마을 C
24. 산서면 백운리 월평마을
25. 산서면 학선리 용전마을
26. 산서면 학선리 압곡마을
27. 산서면 마하리 A
28. 산서면 마하리 B

도면4. 장수 지석묘 분포도

여기 이상의 지석묘가 있었을 가능성이 매우 높다.

〈표2〉 장수의 지석묘 분포현황

번호	유 적 명	유 적 의 위 치	기수	비고
1	장수읍 노하리 지석묘 A	장수읍 노하리 관둔마을 김경용씨 집	1기	
2	장수읍 노하리 지석묘 B	장수읍 노하리 봉강마을과 신기마을 사이	2기	
3	월곡마을 지석묘 A	천천면 월곡리 월곡마을 남쪽 밭	5기	유실
4	월곡마을 지석묘 B	천천면 월곡리 월곡마을 북쪽 밭	1기	유실
5	천천면 연평리 지석묘군	천천면 연평리 평지마을 김성진씨 집 마당	2기	
6	삼고리 삼장마을 지석묘	천천면 삼고리 삼장마을 입구 밭	1기	
7	천천면 남양리 지석묘 A	천천면 남양리 돈촌마을 입구 남쪽 지류	1기	
8	계남면 침곡리 지석묘군 A	계남면 침곡리 송전마을 입구 도로변	1기	성혈
9	계남면 침곡리 지석묘군 B	계남면 침곡리 고기마을 북쪽 구릉지대	4기	
10	금정마을 지석묘군	계남면 삼봉리 금정마을 남쪽 논둑	6기	유실
11	노평마을 지석묘	장계면 삼봉리 금정마을 남쪽 논둑	1기	북방식
12	장계리 명덕리 지석묘군 A	장계면 명덕리 반송마을 서쪽 도로변	4기	
13	장계면 명덕리 지석묘 B	장계면 명덕리 원명덕마을 입구 논 가운데	1기	성혈
14	장계면 삼봉리 지석묘군 A	장계면 삼봉리 탑동마을 남동쪽 불당골 입구	1기	성혈
15	장계면 삼봉리 지석묘군 B	장계면 삼봉리 탑동마을 윤정수씨 집 뒤	1기	
16	탑동마을 지서묘군	장계면 삼봉리 탑동마을 입구	2기	
17	장계면 삼봉리 지석묘군 C	장계면 삼봉리 노평마을 최점식씨 집 정원	3기	
18	송정마을 지석묘	계북면 매계리 송정마을 입구	1기	
19	양악마을 지석묘 A	계북면 양악리 양악마을 입구	1기	유실
20	등석마을 지석묘군	산서면 동화리 등석마을 동쪽 논	2기	
21	쌍암마을 지석묘군	산서면 동화리 쌍암마을 앞 논	2기	
22	오룡마을 지석묘	산서면 이룡리 오룡마을 동쪽 논	1기	유실
23	소창마을 지석묘군	산서면 신창리 소창마을 남서쪽	6기	유실
24	신흥마을 지석묘 A	산서면 백운리 신흥마을 북서쪽 논	1기	유실
25	신흥마을 지석묘군 B	산서면 백운리 신흥마을 남서쪽 논	3기	유실
26	신흥마을 지석묘군 C	산서면 백운리 신흥마을 남동쪽 논	4기	유실
27	월평마을 지석묘군	산서면 백운리 월평마을 돈돌막	7기	유실
28	용전마을 지석묘군	산서면 학선리 용전마을 서쪽 끝	5기	유실
29	압곡마을 지석묘	산서면 학선리 압곡마을 입구 논	1기	
30	산서면 마하리 지석묘 A	산서면 마하리 원홍마을 입구	1기	
31	산서면 마하리 지석묘군 B	산서면 마하리 원홍마을 북쪽 원홍사 서쪽	5기	

진안 여의곡 지석묘군 발굴 후 모습. 이 유적에서
는 지석묘 상석을 옮긴 묘도와 청동기시대 밭이 발
견되어 큰 관심을 끌었다.

 〈표 2〉에서 알 수 있듯이, 지석묘는 대체로 논과 밭, 산기슭에
입지를 두고 있는데, 그 입지는 다른 지역과 별다른 차이를 보여주
지 않았다. 특히 진안 용담댐 수몰지구에서 200여 기의 지석묘가
조사되어 세인들의 비상한 관심을 끌었던 진안군과 밀접한 관련성
을 읽을 수 있다. 아직은 발굴조사가 이루어지지 않아 그 축조방법
이나 성격을 속단할 수 없지만, 진안 용담댐에서 밝혀진 내용과 별
다른 차이가 없을 것으로 여겨진다. 상석의 크기는 100cm 이상부
터 400m 내외로 다양하며, 그 윗면에는 크기가 다른 성혈이 선명
하게 새겨진 경우가 적지 않다. 그간의 지표조사에서 그 분포양상
만 파악된 상황에서 대부분의 지석묘가 이미 유실되었기 때문에,
그 보존 관리에 심혈을 기울여야 할 것으로 생각된다.

2. 장수의 역사성이 풍부하게 담겨진 고분들

모든 인간은 죽게되면 후손들이 정성스럽게 마련해 준 고분에
묻혀 흙으로 돌아간다. 이처럼 인간은 죽음을 그대로 방치하지 않
고 당시의 풍습과 관례에 따라 정성스럽게 시신을 묻어주는 매장풍
습埋葬風習을 가지고 있다. 이러한 인간들의 매장풍습이 언제부
터 시작되었다고 단정지어 말할 수 있는 근거는 없다. 다만 지금도
한 인간의 죽음을 보고 한없이 슬퍼하는 사람들의 모습을 떠올린다
면, 그 풍습은 인간의 출현과 동시에 시작되었다고 해도 과언이 아
닐 것이다.

다른 한편으로 인간의 매장풍습은 민족, 시대, 종교 혹은 지역에
따라 큰 차이를 보이면서 각각 독특한 방식으로 정착되어 왔다. 우
리 나라도 예외 없이 우리의 역사와 함께 끊임없는 변천과정을 거치
면서 오늘날에 이르고 있다. 그래서 매장풍습으로 상징되는 고분은
가장 보수적이면서 지속성이 강한 문화요소로 인식되어, 고고학 분
야에서는 주된 연구의 대상이 되었다.

이상과 같은 의미를 담고있는, 고분의 존재여부와 그 성격을 파
악하기 위해 면담조사와 현지조사에 큰 비중을 두었다. 왜냐하면 고
분과 관련하여 문헌기록이 남아있지 않고, 장계면 삼봉리를 제외하
면 이미 학계에 보고된 유적도 없었기 때문이다. 그간의 지표조사는
장수 군민들을 대상으로 면담조사를 실시하여 고분의 존재여부와
관련된 구체적인 증언을 듣고, 그 자료를 토대로 현지를 답사하여
유적의 존재여부를 파악한 다음, 유적이 발견될 경우에는 그 범위와
성격을 파악하기 위한 현지조사를 실시하는 방식으로 이루어졌다.

현지 주민들은 돌로 만들어진 고분을 대체로 '고름장' 혹은 '고
려장', '고리장' 이라는 이름으로 부르고 있었다. 그리고 일제 강점

기부터 최근까지 끊이지 않은 도굴로 고분이 파헤쳐진 과정을 상세하게 제보해 주었다. 그들은 여기서 그치지 않고 1970년대 새마을사업을 추진하면서 많은 돌이 필요하게 되자 고분의 벽석을 빼냈던 과정, 민묘구역의 조성 혹은 농경지를 경작하면서 우연히 빼낸 석재까지도, 기억을 더듬어 친절하게 제보해 주었다. 더욱이 바쁜 중에도 제보에 그치지 않고 직접 현장까지 안내해 주어, 유적의 성격과 고분의 구조를 밝히는데 결정적인 도움을 주었다.

여기서는 장수에서 조사 보고된 적석목관묘, 수혈식 석곽묘, 횡혈식 석실분, 횡구식 석곽묘의 분포양상과 그 성격을 살펴보고자 한다.

1) 천천면 남양리에서 조사된 적석목관묘

장수군과 진안군과 경계를 이루는 성수산 동쪽 기슭에서 발원하여 동쪽으로 흐르는 와룡천이 장수천에 합류하는 곳에 남양리 유적이 자리하고 있다. 1989년 농공단지에서 동쪽으로 200m 쯤 떨어진 밭에서 무 구덩이를 파다가 우연히 유물이 발견되어 유적의 존재가 알려졌다. 그리고 1996년에 남원농지개량조합에서 밭을 논으로 바꾸는 경지정리사업을 실시하던 중 빗살문토기편과 석제방추차가 발견되어, 1997년 전북대학교 박물관 주관으로 발굴조사가 이루어졌다.

이 유적은 장수천을 따라 넓게 펼쳐진 들판의 한 복판에 자리하고 있다. 표토층을 제거하자 모래층과 강자갈이 광범위하게 드러났는데, 고분은 크기가 일정하지 않은 강자갈이 깊게 깔린 곳에서 발견되었다. 1989년 수습된 것까지 포함해서 모두 5기의 고분이 조사되었는데, 고분의 구조는 천석을 가지고 벽석을 마련하고 그 내부에 목관이 안치된 적석목관묘이다. 그 중에는 벽석이 천석을 가지고 쌓아 올려진 것과 벽석이 안으로 밀려들어 본래 쌓았는지 여부를 파악

남양리 2호 적석목관묘에서 출토된 세형동검. 새 발 모양의 무늬가 등대에 양각되어 있다.

천천면 남양리 2호 적석목관묘 발굴 후 모습. 장벽과 평행되게 세형동검과 검파두식이 정연하게 놓여 있다.

하기 어려운 것도 있다. 개석은 고분의 내부와 그 주변에서 개석으로 추정되는 돌이 확인되지 않아, 본래 나무를 이용하여 덮었을 것으로 여겨진다.

〈표3〉 장수 천천면 남양리 적석목곽묘 현황

유구명	유구규모(cm)	장축방향	바닥시설	출 토 유 물
1호				청동검과 검파두식, 동모, 동경, 철부, 철착, 석도, 석촉 2
2호	215×53(50)	동·서	모래층	점토대토기, 관옥 4, 철사
3호	200×47×(55)	동·서	모래층	세형동검, 검파두식, 철부 2, 철사편 2
4호	238×53	동·서	모래층	세형동검, 검파두식, 동경, 관옥 4, 동모 2, 동착, 철부, 철착, 철사, 연석
5호	200×52×(56)	동·서	모래층	흑도장경호, 관옥 4, 철사

〈표 3〉에서 살필 수 있듯이, 유물은 점토대토기와 흑도장경호를 비롯하여 무기류, 장신구류, 공구류, 의기류 등이 출토되었다. 이 시기의 고분이 그다지 조사되지 않은 지금까지의 상황에서, 이 유적에서는 정식 발굴조사를 통해 다양한 유물이 부장된 상태로 출토되었다. 특히 동일 고분에서 청동유물과 철기류가 공반관계를 이루고, 철기류 중 철사鐵 鉇 상당량 포함되어 있고, 등대에 새 발 모양의 무늬가 양각된 세형동검이 출토된 점에서 큰 관심을 끌었다.

이 유적은 금강 수계권에서 청동유물이 차츰 줄어들면서 철기류의 비중이 커지는 단계의 유적으로 기원전 2세기 말에서 1세기 전반을 전후한 시기에 조성된 것으로 추정된다. 유구와 유물의 속성은 대전 괴정동74), 아산 남성리75), 예산 동서리76), 화순 대곡리77), 함평 초포리78)와 밀접한 관련성을 읽을 수 있다. 대전 괴정동을 비롯

한 남성리와 동서리는 금강의 본류와 지류를 따라 잘 갖춰진 남북방
향의 교통로를 이용하면 천천면 남양리까지 손쉽게 도달할 수 있다.
그렇다면 청동기시대 이후에도 계속해서 장수를 경유하는 교통로
를 이용하여 서로 활발한 교류관계가 있었음을 추론해 볼 수 있다.

천천면 남양리에서 알 수 있듯이, 이 시기의 유적들은 이미 논이
나 밭으로 개간된 들판에 입지를 두어 장기간에 걸친 경작활동으로
인해 유구가 심하게 훼손되었다. 더욱이 이들 지역에 대한 농지정
리작업이 대대적으로 추진되면서 유적이 최소한의 흔적조차 남지
않고 통째로 사라지고 있다. 1998년 장계면 삼봉리 농지정리사업
현장에서는 여러 기의 적석 유구가 드러났는데, 그 의미를 밝히기
위한 학술조사조차 실시하지 않고 모두 없애 버렸다. 그리고 최근
구릉지대에서 점토대토기편이 수습된 장수읍 선창리 경우도 대부
분의 지역이 농경지나 민묘구역으로 조성되었다. 그러므로 이 시기
의 유적이 더 이상 훼손되지 않도록 그 보존에 세심한 관심을 기울
여야 할 것이다.

2) 토착세력집단에 의해 축조된 수혈식 석곽묘

석곽묘란 땅을 파내어 토광을 마련하고 그 안에 네 벽을 돌로 쌓
은 고분79)을 말한다. 시신이 안치된 관을 넣는 방법에 따라 수혈식

---

74) 이은창, 1968, 〈 대전 괴정동 청동기문화의 연구 〉, 《아세아연구》 11 · 2.
75) 한병삼 · 이건무, 1977, 《남성리 석관묘》, 국립중앙박물관.
76) 지건길, 1978, 〈 예산 동서리 석관묘 출토 청동유물 일괄 〉, 《백제연구》 9, 충
   남대학교 백제연구소.
77) 조유전, 1984, 〈 전남 화순 청동유물 일괄출토 유적 〉, 《윤무병박사회갑기념
   논총》, 윤무병 박사회갑기념논총 간행위원회.
78) 이건무 · 서성훈, 1988, 《함평 초포리유적》, 국립광주박물관 · 전라남도 · 함
   평군.
79) 金元龍, 1986, 《韓國考古學槪說》, 一志社, 219쪽.

과 횡구식으로 구분되는데, 전자는 위에서 아래로 관을 안치하며, 후자는 옆으로 밀어 넣는다. 우리 나라의 전 지역에서 조사되고 있는 고분으로 4세기 초에 처음 등장하여 가야에서 널리 유행한 대표적인 가야계 묘제이다. 그리고 더욱 대형화되면서 석곽의 길이가 900cm 내외되는 고총 단계까지 발전하게 된다.

그간의 지표조사에서 석곽묘가 조사된 유적은 대략 20여 개소에 이른다. 이들 유적은 장수의 전 지역에 골고루 분포되어 있으며, 삼국시대 때 행정 치소가 설치되었던 곳에 더욱 밀집되어 있다. 예컨대 장수읍 노하리 · 동촌리 · 두산리 · 송천리, 장계면 삼봉리 · 월강리 · 명덕리 · 오동리와 계남면 호덕리 · 침곡리, 산서면 사상리 · 봉서리 등이 여기에 해당된다. 그리고 장수천을 따라 들판이 넓게 펼쳐진 천천면 삼고리 · 남양리 · 월곡리에도 석곽묘와 관련된 대규모 유적이 분포되어 있다. 고분의 밀집도가 그다지 높지 않지만 장수읍 대성리 · 용계리, 계북면 원촌리 · 월현리, 번암면 대론리에서도 석곽묘가 발견되었다.

한편 석곽묘가 조사된 유적은 대체로 들판의 중앙까지 뻗어 내린 지류와 산 기슭에 입지를 두고 있다. 예컨대 마봉산에서 장수읍 소재지까지 뻗어 내린 지류에 석곽묘가 밀집되어 있는데, 장수읍 두산리와 동촌리가 여기에 속한다. 백화산에서 장계면 소재지까지 흘러내린 여러 갈래의 지류에 속하는 계남면 호덕리와 장계면 삼봉리 · 월강리에도 석곽묘가 밀집되어 있다. 장수군 산서면과 남원시 보절면 경계를 이루는 성산에서 갈라진 지류들이 모여 형성된 산서면 봉서리와 사상리 경우도 마찬가지다. 그리고 봉황산과 팔공산 자락인 장수읍 노하리 · 송천리 · 대성리 · 용계리, 성수산 동쪽 기슭에 위치한 천천면 삼고리 · 남양리, 법화산 동쪽 기슭에 위치한 계남면 침곡리에도 석곽묘가 밀집되어 있다.

<표4> 수혈식 석곽묘가 분포된 고분군 현황

유 적 명	유 적 의 위 치	입 지	비 고
노하리 고분군 A	장수읍 노하리 왕대마을 북쪽	구릉지대	장수지구, 도굴, 유적 유실
송천리 고분군 B	장수읍 송천리 원송천마을 남쪽	구릉지대	장수지구, 가야토기 수습
대성리 고분군 A	장수읍 대성리 금평마을 북쪽	남쪽 기슭	장수지구, 도굴, 대규모
삼고리 고분군 A	천천면 삼고리 삼장마을 북쪽	구릉지대	장수지구, 발굴조사, 대규모
남양리 고분군 B	천천면 남양리 이방마을 북서쪽	남서쪽 기슭	장수지구, 도굴, 대규모
침곡리 고분군 B	계남면 침곡리 사곡마을 남쪽	동쪽 기슭	장계지구, 가야토기 수습
호덕리 고분군 A	계남면 호덕리 갈평마을 북쪽	남쪽 기슭	장계지구, 가야토기 수습
명덕리 고분군 B	장계읍 명덕리 양삼마을 북서쪽	남동쪽 기슭	장계지구, 유적 유실, 도굴
오동리 고분군	장계면 명덕리 오동마을 북쪽	지류	장계지구, 도굴, 대규모
사계리 고분군	산서면 사계리 왕촌마을 북동쪽	남쪽 기슭	산서지구, 도굴, 유적 훼손
사상리 고분군 B	산서면 사상리 사창마을 남쪽	지류 정상부	산서지구, 유적 일부 유실
봉서리 고분군 B	산서면 봉서리 잣골마을 북동쪽	지류, 기슭	산서지구, 금제이식 출토
봉서리 고분군 C	산서면 봉서리 척동마을 입구	지류와 기슭	산서지구, 발굴조사, 도굴

고분의 입지는 유적별로 별다른 차이가 없다. 지류의 정상부와 기슭에 고분이 입지를 두고 있는데, 북쪽 기슭은 그 밀집도가 매우 희박하거나 없는 경우가 더 많다. 지류의 정상부에는 규모가 큰 고분이, 양쪽 기슭에는 정상부보다 그 규모가 작은 고분이 분포되어 있다. 이러한 사실은 천천면 삼고리 고분군에 대한 발굴조사를 통해 입증되었다. 즉 성수산에서 들판까지 뻗어 내린 지류의 정상부에는 봉토가 보존된 봉토분 내지 석곽의 길이가 400cm 내외되는 비교적 큰 고분이 자리하고 있다. 그리고 봉토분의 중앙에는 주석곽이 자리하고 그 주변에 여러 기의 소형 석곽이 주석곽을 애워싸듯이 감싸고 있다. 반면에 북쪽을 제외한 다른 기슭에는 정상부보다 그 규모가 작은 고분이 분포되어 있다.

수혈식 석곽묘의 발전과정과 그 성격은 발굴조사에서 축적된 자료를 가지고 추론해 볼 수 있다. 종래에 석곽묘에 대한 발굴조사는 천천면 삼고리와 계남면 호덕리, 장계면 삼봉리에서만 이루어졌을

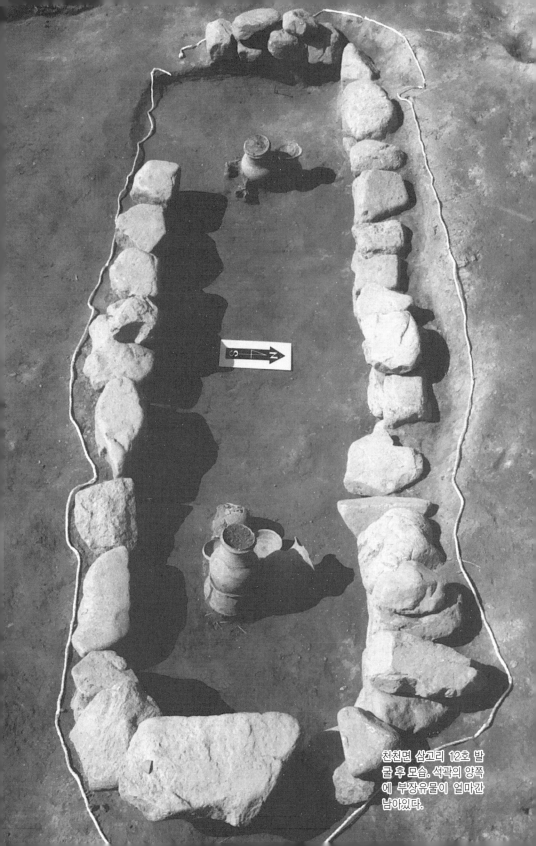

천천면 삼고리 12호 발굴 후 모습. 석곽의 양쪽에 부장유물이 얼마간 남아있다.

정도로 여전히 미진한 단계에 머물러 있다. 그간의 발굴조사에서 드러난 바로는, 석곽묘는 장수에 지역적인 기반을 두고, 가야문화를 토대로 발전하였던 토착세력집단에 의해 조영된 가야계 고분으로 밝혀졌다. 그리고 지속적인 성장과정을 거쳐 마침내 봉토의 직경이 20m 이상에 이르고, 석곽의 길이도 800cm 이상 되는 고총급 단계 까지 발전하였다. 아직은 고총에 대한 발굴조사가 이루어지지 않았 기 때문에, 천천면 삼고리 고분군을 중심으로 그 내용을 정리하면 아래와 같다.

장수군 천천면에 소재한 삼고리 고분군은, 1995년 군산대학교로 부터 발굴비를 지원 받아 군산대학교 박물관이 두 차례에 걸쳐 발굴 조사가 이루어졌다[80]. 이 유적을 발굴하게 된 계기는 1993년으로 거슬러 올라간다. 당시 군산대학교 박물관은 국립문화재연구소로 부터 장수에 분포된 문화유적의 보존 실태를 파악하고, 그때까지 조사되지 않은 유적을 찾는 학술조사를 의뢰 받았다. 이에 군산대 학교 박물관은 즉각 조사단을 구성하여 두 달에 걸친 강행군 속에 계획대로 모든 조사를 마무리지었다. 당시에 지표조사의 성과가 학 계에 보고되자 많은 관심을 불러 일으켰고, 문헌 기록이 없어 공백 상태로 남아 있던 장수지역 토착세력집단의 실체를 파악하는데 결 정적인 실마리를 제공해 주었다.

모두 두 차례의 발굴조사에서는 유적의 입지, 석곽의 축조방법, 장축방향, 그리고 부장유물이 가야고분과 흡사한 속성을 띠고 있는 20여 기의 수혈식 석곽묘가 조사되었다. 이들 석곽은 모두 천석을 가지고 가로와 모로쌓기 방식을 섞어서 수직으로 쌓아 올렸는데, 그 길이가 200cm 이하의 소형부터 400cm 이상 되는 대형까지 다양한 크

---

80) 당시 조사를 통해, 금강 수계권에 속한 장수지역에도 가야문화를 기반으로 발 전하였던 토착세력집단이 있었다는 중요한 단서를 제공해 주었다.

〈표5〉 장수에서 조사된 수혈식 석곽묘 현황

유구명	유구규모(cm)	장축방향	바닥시설	출토유물
삼고리 1호	161×42×(34)	등고선과 평행	천 석	광구장경호
삼고리 3호	141×42×(44)	등고선과 평행	천 석	발형토기
삼고리 5호	(173)×39×(57)	등고선과 직교	강자갈	장경호, 개배, 방추차
삼고리 6호	402×99×(65)	등고선과 평행	생토면	단경호, 장경호, 저평통형 기대, 발형토기, 철부
삼고리 7호	(61)×42×(44)	등고선과 직교	생토면	삼족토기
삼고리 8호	265×78×(63)	등고선과 평행	생토면	장경호, 개배, 발형토기, 병형토기, 편구호, 방추차
삼고리 10호	363×96×(52)	등고선과 평행	생토면	장경호, 철도자, 방추차
삼고리 11호	411×95×(81)	등고선과 평행	생토면	중경호, 장경호, 저평통형 기대, 발형토기, 철겸, 철부, 철촉, 철도자
삼고리 12호	401×89×(51)	등고선과 평행	생토면	장경호, 개배, 저평통형 기대, 발형토기, 철부
삼고리 13호	(306)×71×(92)	등고선과 평행	생토면	단경호, 장경호, 광구장경호, 고배, 편구호, 철모, 철부, 철촉, 교구, 화살통 장식
삼고리 15호	218×66×(32)	등고선과 직교	생토면	단경호, 광구장경호, 개배, 철부, 철촉, 구슬, 방추차
삼봉리 1호	(455)×(171)×(31)	등고선과 직교	생토면	교구, 철촉
삼봉리 2호	261×67×(23)	등고선과 평행	토기편	개배, 철부, 철촉, 철도자
호덕리 1호	430×150×(100)	등고선과 평행	생토면	개배편, 단경호편, 장경호편, 발형토기편, 철도자
호덕리 2호	180×65×(30)	등고선과 직교	토기편	파수부직구소호, 장경호, 구형대호, 편구호
호덕리 3호	300×110×(55)	등고선과 평행	천 석	개배편, 기대편, 철겸
호덕리 6호	350×120×(30)	등고선과 평행	생토면	동체부편 각종, 철촉, 철부, 철도자
호덕리 7호	(250)×120×(35)	등고선과 평행	생토면	
호덕리 9호	400×150×(50)	등고선과 평행	생토면	개배편, 장경호편, 철겸, 철모, 철부, 철도자, 철촉, 금제이식, 구슬
호덕리 10호	260×140×(65)	등고선과 직교	생토면	구슬

기를 보였다. 대형 석곽묘는 주로 산 구릉 정상에 자리하고 있으며, 그 주위에는 200㎝ 내외의 소형 석곽이 감싸듯이 배치되어 있다. 그리고 대형 석곽의 주변에 있는 소형 석곽과 개별적으로 조사된 소형 석곽들은 산의 기슭에 입지를 두고 있다. 이들 석곽묘 중에는 직경이 8m 내외되는 봉토의 흔적이 일부 남아 있으며, 기슭에 있는 소형

상 / 삼고리 13호 유물 출토 상태. 시신과 함께 정성스럽게 넣어 준 부장유물이 석곽의 한쪽에 가득 채워져 있다.

하 / 삼고리 13호 출토 유물 모음. 단경호 · 장경호 · 기대 · 심발형토기 등 모든 기종이 고령 양식으로 상징되는 가야 토기가 주종을 이룬다.

석곽들도 본래 봉토가 있었을 것으로 추정되지만 유실된 것으로 보인다.

유물은 고분의 주인공이 생전에 실생활에 직접 사용하던 가야계 토기류 90여 점과 당시의 생활상을 보여 주는 철겸 · 철부 · 철촉 등 철기류와 실을 뽑는데 사용된 방추차81) 등 모두 120여 점이 출토되었다. 유구가 심하게 파괴되고 봉토가 유실된 고분을 대상으로 조사가 이루어졌음에도 불구하고 기대 이상의 많은 유물이 출토되었다.

이 유적에 대한 발굴조사에서 거둔 성과는 장수지역에 기반을 두고 발전하였던 토착세력집단의 실체를 규명하고, 나아가 우리 나라의 고대사 연구에도 귀중한 자료를 얻은 것이라 요약할 수 있다. 다시 말하면 지금까지 이곳의 토착세력집단은 마한 이래로 백제 문화권으로 파악되어서 그 문화 내용 속에서 인식되어 왔다. 그러나 천천면 삼고리 고분군에 대한 발굴조사를 통해, 그 집단은 백제에 정치적으로 복속되는 6세기 초엽까지 가야문화를 토대로 지속적인 성장을 이룬 것으로 새롭게 밝혀졌다.

다른 한편으로, 장수에서는 석곽묘 이전단계의 고분으로 추정되고 있는 토광묘[82]와 관련된 유적도 조사되었다. 그럴 가능성을 암시해 준 유적으로는 장수읍 선창리 · 두산리 · 송천리, 산서면 봉서리 고분군 등이 있다. 장수읍 선창리는 작은 싸리재에서 동서방향으로 뻗은 지류의 남쪽에 위치하고 있는데, 남쪽 기슭의 말단부에는 양선마을이 있다. 이 마을 뒤쪽의 남쪽 기슭에서는 격자문과 승석문이 타날된 연질토기편과 경질토기편이 섞인 상태로 수습되었다. 그리고 지난해 경작 중 우연히 수습된 한 점의 단경호[83]도 그 기형이나 속성이 소백산맥 동쪽 지역의 목관묘 내지 목곽묘 출토품과 상통한다. 장수읍 두산리를 비롯한 다른 유적들도 그 입지가 선창리와 비슷하고 역시 원삼국시대의 토기편[84]이 수습되었다. 이처럼 토광묘

---

81) 삼고리에서는 5호 · 8호 · 10호 · 14호 · 15호 · 19호에서 방추차가 출토되었는데, 8호와 10호를 제외하면, 다른 고분은 남쪽 기슭과 평행되게 남북으로 장축방향으로 두어 큰 관심을 끌었다.

82) 이 시기의 고분이 조사된 예가 없어, 이 글에서는 토광묘라는 용어를 그대로 사용하였지만, 소백산맥의 동쪽에서 목관묘 내지 목곽묘로 분류된 것과 상통할 것으로 추정된다.

83) 장수읍 선창리 양선마을 배광순씨가 소유하고 있는 토기로, 경부가 매우 짧고 동체부가 원형을 이루고 있는 속성이 소백산맥 동쪽의 목곽묘 출토품과 상통한다.

장수읍 선창리 고분군에서 경작 중에 출토된 단경호. 1999년 장수읍 선창리 양선마을에 살고 있는 배광순씨가 우연히 밭에서 수습하여 보관하고 있다.

는 들판의 중앙까지 뻗은 지류의 남쪽 기슭에 입지를 두고 있는데, 그 입지는 가야계 수혈식 석곽묘와 별다른 차이가 없다.

이상에서 살펴보았듯이, 수혈식 석곽묘는 장수에 지역적인 기반을 두고 성장하였던 토착세력집단의 실체와 그 성격을 규명하는데 없어서는 안될 귀중한 유적으로 밝혀졌다. 그런데 모든 유적이 대체로 들판까지 뻗어 내린 지류에 입지를 두어, 장수군의 중점사업인 과원단지조성과 같은 개간사업을 추진하면서, 이들 유적이 훼손될 우려가 매우 높기 때문에 역시 세심한 주의가 요망된다.

3) 백제의 진출과정을 알려주는 횡혈식 석실분

석실분이란 시신과 유물을 넣어 둔 석실과 석실로 들어가는 연도로 구성된 고분을 말한다. 이것은 고구려의 영향을 받아 만들어진 대표적인 백제고분으로, 백제 수도의 위치에 따라 그 구조가 현격한 차이를 나타낸다. 백제의 수도가 있었던 곳을 기준으로 삼아 단계를 설정한 다음, 백제고분의 종류와 그 전개과정을 시기별로 정리하면 다음과 같다.

한성漢城시대는, 고분의 종류가 적석총積石塚과 봉토분封土墳으로 나뉜다. 적석총은 고구려의 대표적인 고분양식으로 작은 강돌,

---

84) 적갈색을 띠고 있는 연질토기로서, 토기의 외면에는 격자문과 승석문이 타날되어 있으며, 모든 속성이 원삼국시대 생활유적에서 출토된 것과 별다른 차이가 없다.

막돌, 다듬은 돌을 이용하여 위로 올라가면서 그 폭을 약간씩 좁혀 마치 피라미드처럼 쌓아올린 것을 말한다. 서울 석촌동 일대에는 본래 수십 기의 적석총이 있었지만 대부분 파괴되고, 현재 두 기밖에 남아있지 있다. 봉토분은 흙으로 봉분을 만든 것으로 다시 석실분石室墳, 석곽묘石槨墓, 토광묘土壙墓, 옹관묘甕棺墓 등으로 세분된다. 한성시대에 유행하였던 많은 고분 중 적석총과 석실분은 당시 최고 지배계층에 의해, 다른 고분들은 본래 한강 유역에 기반을 두고 성장하였던 토착세력집단과 관련된 묘제로 비정되고 있다.

웅진熊津시대에는 적석총이 자취를 감추고 석실분이 한층 발전하면서 전축분塼築墳도 새롭게 등장한다. 석실분은 후대로 가면서 그 구조가 달라지는 변화상을 보인다. 말하자면 초기에는 석실의 평면형태가 방형을 이루고, 네 벽은 바닥에서 위로 올라가면서 점차 좁아져 한 장의 돌로 덮는 궁륭상穹隆狀이 유행하였다. 그러다가 후기에는 석실의 평면형태가 장방형으로 바뀌고, 연도의 길이는 짧아지고, 여러 매의 돌로 덮은 천장의 구조도 다양해진다. 이 시기의 두드러진 특징으로는 중국 남조의 영향을 받아 전축분이 새롭게 등장한다는 점이다. 전축분은 1971년 배수로 공사를 실시하던 중 우연히 발견되어 국내외의 비상한 관심을 끌었던 무녕왕릉武寧王陵과 공주 송산리 6호분이 대표적인 예이다.

사비泗沘시대에는 전축분이 사라지고 석실분이 더욱 유행한다. 그리고 불교의 발전에 따른 영향으로 시신을 화장하고 나서 남은 것을 뼈 단지에 넣어서 묻어 주는 화장묘火葬墓도 등장한다. 석실분은 석실의 평면형태가 장방형으로 바뀌며, 연도의 길이는 더욱 짧아지거나 퇴화되고, 석실을 만드는데 판자처럼 생긴 석재가 주로 사용되었다. 이 시기의 유적으로는 왕과 왕비의 고분으로 추정되는 6기의 대형고분이 자리한 부여 능산리 고분군이 대표적이다. 그런가 하면 6세기 초엽까지 대형 옹관묘의 전통85)이 지속된 영산강 유역을 포함한 백제의 전 지역에서 석실분이 만들어진다.

이상에서 살펴 본 것처럼, 백제고분은 시기별로 현격한 차이를 보이면서 바뀌어 왔다. 특히 웅진시대부터 사비시대까지 만들어진 대표적인 백제고분인 석실분은, 그 구조나 사용된 석재가 시기별로 현격한 차이를 보여 주었다. 또한 군산을 중심으로 금강의 하류지역에서 많은 석실분이 조사되었다. 그 주요 유적으로 군산 장상리86)·조촌동87)·여방리88)·도암리89)·산월리90)와 익산 입점리91)·웅포리92)·성남리93), 정읍 은선리94), 남원 초촌리95) 등이 있다. 그간의 지표조사에서 밝혀진 바로는 전북의 전 지역에 분포된

---

85) 전남 나주와 영암과 같은 영산강 유역에서는 6세기 초엽까지도 U자형의 전용 옹관묘가 지속적으로 조영된 것으로 보고 있다.

86) 崔完奎·金鍾文·李信孝, 1992, 《沃溝 將相里 百濟古墳群 發掘調査 報告書》, 圓光大學校 博物館.

87) 郭長根·柳哲·韓修英, 1996, 《群山 助村洞 古墳群》, 群山市·群山大學校 博物館.

88) 崔完奎, 1996, 〈群山 余方里 麒麟마을 古墳群 發掘調査 槪報〉, 《湖南考古學報》, 湖南考古學會, 107·130쪽.

89) 전북대학교 박물관·군산대학교 박물관, 1997, 〈서해안 고속도로(북군산 I/C) 유적 발굴조사 결과보고〉, 한국도로공사.

90) 군산대학교 박물관, 2001, 〈군산 산월리 고분군 현장설명회 자료〉, 군산시·군산문화원.

91) 조유전·윤근일·최맹식, 1989, 《익산 입점리고분군 발굴조사 보고서》, 문화재관리국 문화재연구소.

92) 崔完奎, 1995, 《益山 熊浦里 百濟古墳群》·1992, 1993年度 發掘調査·, 財團法人 百濟文化開發研究院·圓光大學校 博物館.

93) 崔完奎·金鍾文, 1997, 《益山 城南里 百濟古墳群》, 圓光大學校 博物館·益山市.

94) 全榮來, 1973, 〈古阜隱仙里 古墳群〉, 《全北遺蹟調査報告》 第2輯, 全羅北道 博物館, 2·24쪽.

95) 全榮來, 1981, 〈南原, 草村里古墳群發掘調査報告書〉, 《全北遺蹟調査報告》 第12輯, 韓國文化財保護協會 全北道支部.

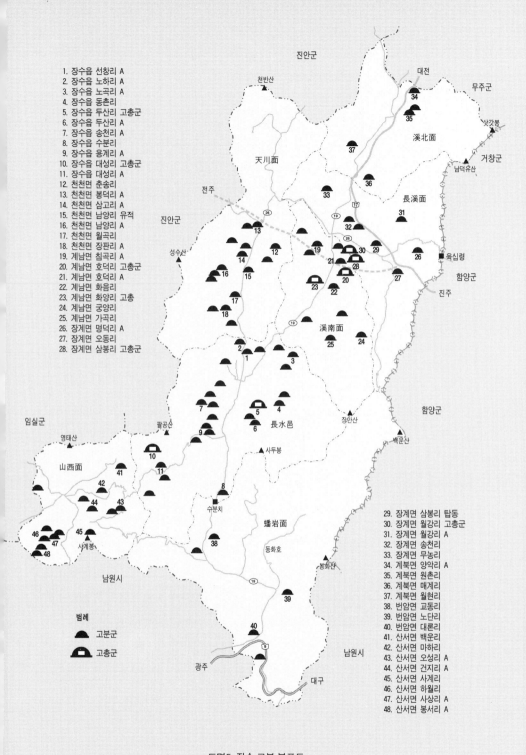

1. 장수읍 선창리 A
2. 장수읍 노하리 A
3. 장수읍 노곡리 A
4. 장수읍 동촌리
5. 장수읍 두산리 고총군
6. 장수읍 두산리 A
7. 장수읍 송천리 A
8. 장수읍 수분리
9. 장수읍 용계리 A
10. 장수읍 대성리 고총군
11. 장수읍 대성리 A
12. 천천면 춘송리
13. 천천면 봉덕리 A
14. 천천면 삼고리 A
15. 천천면 남양리 유적
16. 천천면 남양리
17. 천천면 월곡리
18. 천천면 장판리 A
19. 계남면 침곡리 A
20. 계남면 호덕리 고총군
21. 계남면 호덕리 A
22. 계남면 화음리
23. 계남면 화양리 고총
24. 계남면 궁양리
25. 계남면 가곡리
26. 장계면 명덕리 A
27. 장계면 오동리
28. 장계면 삼봉리 고총군

29. 장계면 삼봉리 탑동
30. 장계면 월강리 고총군
31. 장계면 월강리 A
32. 장계면 송천리
33. 장계면 무농리
34. 계북면 양악리 A
35. 계북면 원촌리
36. 계북면 매계리
37. 계북면 월현리
38. 번암면 교동리
39. 번암면 노단리
40. 번암면 대론리
41. 산서면 백운리
42. 산서면 마하리
43. 산서면 오성리 A
44. 산서면 건지리 A
45. 산서면 사계리
46. 산서면 하월리
47. 산서면 사상리 A
48. 산서면 봉서리 A

범례

고분군

고총군

도면5. 장수 고분 분포도

석실분이, 백제 때 군郡 또는 현縣이 설치되었던 곳에 더욱 밀집된 것으로 드러났다.

그런데 얼마 전까지만 해도 장수에서는 석실분의 존재가 파악되지 않았다. 백제 때 군과 현이 설치될 정도로 당시에 거점지역을 이루었던 지역임에도 불구하고 석실분이 발견되지 않아 많은 궁금증을 자아냈다. 그리고 천천면 삼고리 7호에서 출토된 삼족토기를 제외하면 아직까지 백제와 관련된 유물도 출토되지 않았다. 그런데 최근 지표조사에서 장계면 무농리, 장수읍 동촌리와 두산리, 산서면 하월리에서 석실분이 발견되었는데, 그 가운데 중요한 유적을 정리하면 〈 표6 〉과 같다.

〈표6〉 횡혈식 석실분이 분포된 고분군 현황

유 적 명	유 적 의 위 치	입 지	비 고
동촌리 고분군	장수읍 동촌리 동촌마을 동쪽	남쪽 기슭	장수지구, 몰메똥, 대규모
두산리 고분군 A	장수읍 두산리 두산마을 남동쪽	서쪽 기슭	장수지구, 도굴, 2-3기
용계리 고분군 C	장수읍 용계리 안양마을 남서쪽	남쪽 기슭	장수지구, 석실분, 도굴
남양리 고분군 A	천천면 남양리 돈촌마을 주변	남쪽 기슭	장수지구, 도굴, 대규모
무농리 고분군	장계면 무농리 망남마을 북쪽	남쪽 기슭	장계지구, 도굴, 대규모
하월리 고분군	산서면 하월리 사창마을 동변	남쪽 기슭	산서지구, 도굴, 유구 훼손

첫째로, 수락봉 남쪽 기슭에 위치한 장계면 무농리 고분군이다. 수락봉은 장계면과 계북면의 경계에 위치한 고봉으로서, 그 남쪽 기슭은 완만한 지형을 이룬다. 남쪽 기슭 중단부에는 한 갈래의 지류가 약간 볼록하게 솟아 있는데, 그 정상부에서 횡혈식 석실분이 조사되었다. 그리고 남쪽 기슭 말단부에는 망남마을이 자리잡고 있는데, '망남'이라는 마을 이름도 고분과 깊은 관련이 있을 것으로 여겨진다. 이 마을 주민들의 증언에 의하면, "지류의 남서쪽 기슭에서 굴처럼 생긴 고름장이 드러났는데, 지금은 흙 속에 묻혀 그 흔적을

찾을 수 없다"고 하였다. 현지조사의 성과와 주민들의 증언을 종합해 볼 때, 수락봉의 남쪽 기슭에는 상당히 많은 기수의 석실분이 밀집되어 있을 것으로 추정된다. 무엇보다 석실분이 지류의 정상부에 입지를 두고 있는 점에서 큰 관심을 끌었는데, 아마도 그것은 그 이전단계의 묘제 전통96)이 이때까지 계속된 것으로 추정된다.

둘째로, 10여 기 내외의 횡혈식 석실분이 발견된 장수읍 동촌리 고분군이다. 모두 40여 기의 가야계 고총이 밀집된 장수읍 두산리 고총군에서 동쪽으로 1.5km 떨어진 곳에 위치한다. 즉 장수읍 동쪽을 병풍처럼 감싸고 있는 능선에서 갈라져 나온 지류의 남쪽 기슭에 석실분이 밀집되어 있다. 이러한 유적의 입지는 200여 기의 석실분이 조사된 남원 초촌리97)와 흡사하다. 고분은 지류의 정상부에서 발견되지 않고 남쪽 기슭에만 입지를 두고 있는데, 그 분포범위가 상당히 넓어 많은 기수의 고분을 포함하고 있을 것으로 추정된다. 도굴의 피해를 입어, 석실의 내부가 드러나거나 벽석이 유실된 것이 적지 않다. 벽석은 대체로 하단부를 판석형 석재를 가지고 쌓거나 아니면 한 매의 판석형 석재를 가지고 북벽을 쌓은 경우도 있다.

셋째로, 단면 육각형 석실분이 조사된 산서면 하월리 고분군이다. 산서면은 그다지 험준하지 않으면서 동서방향으로 뻗은 여러 갈래의 지류들이 모여 구릉지대가 발달한 곳이다. 그 지류의 남쪽 기슭에서 횡혈식 석실분이 발견되었는데, 그 위치는 가야계 석곽묘가

---

96) 지금까지 횡혈식 석실분은 대체로 남쪽 기슭에만 입지를 둔 것으로 알려졌는데, 여기서는 지류의 정상부에서 석실분이 발견되었다. 이처럼 지류의 정상부에 입지를 둔 것은, 고총의 입지와 맥락을 같이 하는 것으로, 석곽묘 단계의 묘제적인 전통이 이때까지 계속되었을 가능성을 보여 주었다.

97) 섬진강 수계권에 위치한 유적으로, 남쪽과 남서쪽 기슭에서 대략 200여 기의 횡혈식 석실분이 조사된 대규모 백제 고분군이다. 이 유적은 동서방향으로 길게 뻗은 지류의 남쪽 기슭에 입지를 두고 있어 그 입지가 장수읍 동촌리와 상통한다.

밀집된 산서면 봉서리 바로 북쪽에 해당된다. 최근에 중장비로 논을 확장하면서 고분에서 빼낸 벽석을 한곳에 쌓아놓았는데, 벽석은 안쪽 면이 모두 정연하게 다듬어졌으며, 북벽은 상단부의 양쪽 가장자리를 비스듬히 잘라내 평면형태가 육각형을 띠고 있다. 벽석을 가지고 추정하여 이 고분을 복원한다면, 고분의 구조가 단면 육각형을 이루는 횡혈식 석실분으로 추정된다. 그 주변에 여러 기의 고름장이 더 있었다는 주민들의 증언을 종합해 볼 때, 다른 석실분이 더 있을 것으로 추정된다.

이 밖에도 마봉산과 타관산 남쪽 기슭인 장수읍 두산리와 용계리, 팔공산 남동쪽 기슭에 해당하는 장수읍 용계리, 국사봉 자락인 천천면 남양리에서도 횡혈식 석실분으로 추정되는 석실분이 조사되었다. 그간의 면담조사와 현지조사에서 밝혀진 몇 가지 사실에 비추어 볼 때, 횡혈식 석실분은 일단 백제고분으로 추정된다. 그 이유는 유적이 남쪽 기슭에 입지를 두었으며, 유구의 장축방향을 남북으로 두었고, 벽석이 판석형 석재를 이용한 점 등이 다른 지역에서 밝혀진 백제고분과 흡사한 속성을 보여 주었다. 그러나 아쉽게도 석실분에 대한 발굴조사가 이루어지지 않아, 현재로서는 석실분에 대한 상세한 성격을 살필 수 없다. 그렇다고 하더라도 석실분은 백제의 진출시기와 함께 이곳의 토착세력집단이 백제에 어떻게 병합되었는가를 밝히는데 없어서는 안될 중요한 고분이다. 그러므로 장차 석실분의 성격을 밝히기 위한 발굴조사와 함께 고분이 더 이상 훼손 내지 유실되지 않도록 그 보존 관리에 만전을 기해야 할 것이다.

3. 지배자의 고분으로 밝혀진 100여 기의 고총들

고총高塚이란 성토한 봉토의 평면형태가 호석이나 주구 등에 의해 원형이나 타원형으로 나타나면서 분명한 분묘 단위를 갖추고 있는 고분을 말한다. 다시 말하면 봉토의 평면형태가 원형 또는 타원형으로 일정한 묘역을 가지고 있으면서 봉토 사이에는 일정한 거리를 두어 독립성이 강조되는 형태를 띠고 있는 것을 말한다. 봉토는 이전 시기의 고분과 비교할 때 실제로 현저하게 커지거나 높게 보이려는 축조 의도를 강하게 담고 있다. 이처럼 고총은 전반적으로 봉토 자체가 강한 과시성을 띠면서 전대의 고분에 비해 현저하게 커지는 양적 변화를 보여준다.

이러한 고총의 양적인 변화는 봉토 축조에 동원되었을 노동력으로 추론해 볼 때, 피장자의 권력이 이전 시기보다 훨씬 커졌음을 암시해 준다. 그리고 고총은 원형·타원형 봉토를 조성함으로써 고분 개개 단위의 묘역이 분명해지고 독립성이 강조되는 형태를 띠게 되는데, 이것은 고총 단계에 이르면 이전 시기와 달리 집단성에서 탈피하여 개개의 고분 단위를 강조하려는 의도가 더욱 강해졌음을 보여준다. 이것은 고총의 주인공들, 즉 지배층 안에서의 피아彼我 구별이 더욱 분명해진 것을 의미하는 것으로 고총의 질적인 변화가 있었음을 시사해 준다[98]. 이러한 가능성은 부장 유물의 질과 양이 이전 시기와 비교하기 어려울 정도로 비약적으로 증가하고 있는 점에서도 뒷받침된다.

지금까지 중대형 봉토분을 흔히 고총이라고 부르고 있는데, 여기서는 봉토의 직경만을 기준으로, 그 직경이 10m 이상되는 것을 모두 고총으로 분류하려고 한다. 이처럼 봉토의 직경에 큰 의미를 둔

---

98) 李熙濬, 1998, ≪4~5세기 新羅의 考古學的 研究≫, 서울大學校 大學院 文學博士學位論文. 金世基, 1995, 〈 大伽耶 墓制의 變遷 〉, ≪加耶史研究≫ · 대가야의 政治와 文化 · , 慶尙北道. 朴天秀, 1996, 〈 大伽耶의 古代國家 形成 〉, ≪碩晤尹容鎭教授停年退任紀念論叢≫, 碩晤尹容鎭教授停年退任紀念論叢刊行委員會.

것은, 종래의 지표조사를 통해 많은 고총이 조사되었음에도 불구하고, 아직도 고총에 대한 한 차례의 발굴조사⁹⁹⁾도 이루어진 바가 없기 때문이다. 더군다나 장계면 삼봉리는 고고학적 조사 과정을 거치지 않은 상황에서 대부분의 고총이 유실되었다¹⁰⁰⁾. 이와 같이 발굴조사가 이루어지지 않은 상황에서 유구마저 유실되었기 때문에, 현재로서는 봉토의 직경과 같은 외형적인 속성만을 가지고 그 성격을 살펴 볼 수밖에 없을 것 같다.

〈표7〉 장수의 고총군 현황

유적명	유적의 위치	입지	기수	비　　고
장수 삼봉리	장계면 삼봉리 남산마을 서쪽	지류 정상부	30여 기	장계지구, 도굴
장수 월강리	장계면 월강리 갈평마을 북쪽	지류 정상부	10여 기	장계지구, 도굴
장수 호덕리	계남면 호덕리 갈평마을 남쪽	지류 정상부	20여 기	장계지구, 도굴
장수 화양리	계남면 화양리 난평마을 입구	동쪽 기슭	1기	장계지구, 보존상태 양호
장수 두산리	장수읍 두산리 동촌마을 남쪽	지류 정상부	40여 기	장수지구, 도굴
장수 대성리	장수읍 대성리 필덕마을 북쪽	지류 정상부	5기 내외	장수지구, 도굴

〈표 7〉에서 읽을 수 있듯이, 봉토의 직경이 10m 이상되는 고총은 장계면 삼봉리를 비롯하여 모두 5개소의 유적에서 조사되었다. 이들 유적이 행정 단위를 기준으로 삼아 분류되어, 모두 5개소의 고총군으로 세분되었지만, 이들 고총군은 크게 두 개의 지역권으로 나

---

99) 다만 군산·함양간 고속도로 공사 구역에 포함된 지역만을 대상으로 발굴조사가 극히 제한적으로 이루어졌다. 당시 지류의 정상부에서 주석곽과 동쪽 기슭에서 소형 석곽 등 모두 2기의 가야계 수혈식 석곽묘가 조사되었다. 소형 석곽에서 고령양식의 개배류가 출토되어, 그 시기는 6세기 초엽을 전후한 시기로 비정되었다(全北大學校 博物館·群山大學校 博物館, 2000, 앞의 책, 188·204쪽.).

100) 얼마 전까지만 해도 유적의 중앙에 해당하는 지류의 정상부에는 봉토가 보존된 5기의 고총이 남아있었는데, 최근에 민묘구역을 조성하면서 2기의 고총을 없애 버렸다.

넌다. 하나는 장계천을 따라 들판이 넓게 펼쳐진 장계분지이고, 다른 하나는 역시 장수천을 따라 들판과 구릉지대가 발달한 장수분지이다. 이들 지구는 서로 인접되어 있음에도 불구하고 그 경계에 험준한 능선이 가로막고 있어, 지형상으로는 서로 별개의 지역권을 형성하고 있다.

장계면 삼봉리 고총 근경. 봉토의 직경이 20m 이상되는 고총으로 봉토의 중단부가 이미 민묘 구역으로 조성되었다.

1) 장계지구에 밀집된 60여 기의 고총

장계지구에서는 장계면 삼봉리와 월강리, 계남면 호덕리와 화양리에서 모두 60여 기의 고총이 조사되었다. 고총의 분포양상을 유적별로 정리하면 아래와 같다.

첫째로, 장계면 삼봉리 고총군은 장계지구에서 가장 많은 고총이 분포된 곳이다. 백화산에서 장계천까지 뻗어 내린 지류에 유적이 자리잡고 있는데, 행정 구역상으로는 장계면 삼봉리에 속한다. 즉 삼봉리 남산마을에서 북서쪽으로 500m 남짓 떨어진 지류의 정상부에 봉토의 직경이 20m 내외되는 5기의 고총이 남아있다. 본래 그 지류의 정상부에는 봉토의 가장자리에 호석이 돌려진 토만두형의 고총이 25기 정도 있었던 것으로 알려졌다[101]. 그런데 그 일대가 농경지로 개간되고, 장기간에 걸친 경작활동으로 인해, 대부분의 고총이 심하게 훼손 내지 유실되었다. 지금은 봉토가 보존된 5기의 고총을 중심으로, 그 위쪽과 아래쪽에도 봉토 흔적이 얼마간 남아있는 20여 기의 고총이 자리하고 있다.

아쉽게도, 이들 고총은 일제 강점기 때 일본 사람들이 현지인을 직원으로 고용하여 부장된 유물을 꺼낼 목적으로 자행된 도굴로 대부분 파괴되었다. 즉 우리 선조들의 정신이 배인 유물을 한낱 골동품으로 취급한 일본 사람들이 그들의 욕심을 채우는 과정에서 철저하게 파괴되었던 것이다. 이러한 사실을 입증해 주듯이, 현재 봉토의 정상부에는 직경 1m 이상 되는 도굴 구덩이가 웅덩이처럼 남아있다. 도굴 구덩이를 통해 확인된 고총의 내부구조는 수혈식 석곽묘로 추정되고 있으며, 석곽의 길이는 대략 800cm 이상 된다 [102]. 고총과 고총의 사이, 그리고 지류의 양쪽 기슭에는 소형 석곽묘가 밀집되어 있는데, 역시 도굴로 인해서 유구의 보존상태는 양호하지 않다. 유물은 경부에 밀집파상문이 시문된 장경호편을 비롯하여 다양한 기종의 가야토기편이 상당량 수습되었다. 이 유적은 고총의 입지와 축조방법, 유물의 속성을 근거로, 일단 가야문화를 기반으로 발전하였던 토착세력집단의 수장층과 관련된 분묘군으로 추정된다.

둘째로, 장계면 월강리와 계남면 호덕리 고총군이다. 이들 유적은 삼봉리와 서로 인접되어 있는데, 전자는 북서쪽으로 500m 떨어

---

101) 文化財管理局, 1975, 앞의 책, 47쪽. 곽장근, 1995, 〈 전북 장수군의 유적현황과 보존실태 〉, 《湖南考古學報》 2, 湖南考古學會, 120 · 122쪽.
102) 종래의 발굴조사에서 가야계 고총군으로 밝혀진 남원 월산리와 두락리 고총들과 직접 비교해 봐도 그 길이가 그다지 작지는 않다.

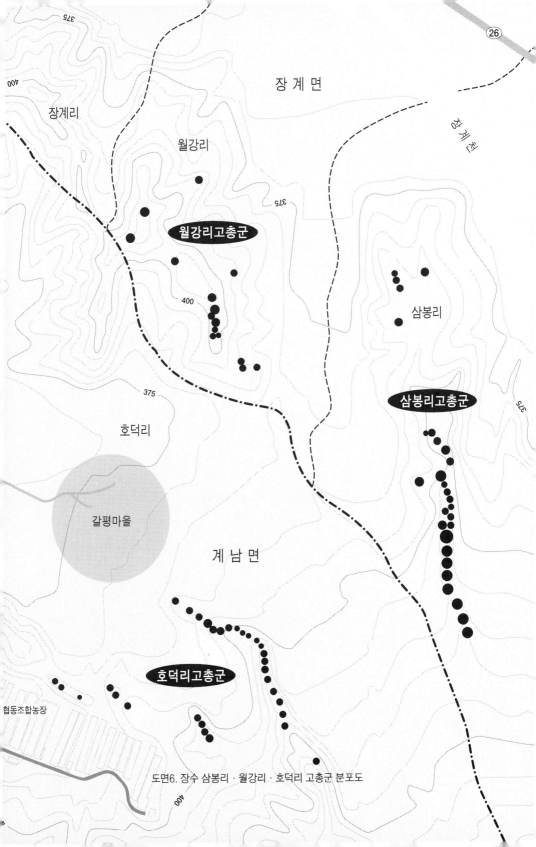

장 계 면

장계리

월강리

월강리고총군

375

삼봉리

400

삼봉리고총군

375

375

호덕리

갈평마을

계 남 면

호덕리고총군

협동조합농장

400

도면6. 장수 삼봉리 · 월강리 · 호덕리 고총군 분포도

진 곳에 위치하고 있으며, 후자는 남서쪽으로 400m 쯤 거리를 두고 있다. 월강리는 장계면 소재지까지 뻗은 지류의 동쪽 구역이 여기에 해당하며, 지류의 정상부에는 봉토의 직경이 10m 내외되는 15기 내외의 고총이 자리하고 있다. 호덕리 경우는 역시

계남면 화양리 고총 봉토 정상부 근경. 봉토 정상부에는 고분의 벽석으로 추정되는 대형 석재가 노출되어 있다.

백화산에서 세 갈래로 갈라진 지류들로 이들 지류 정상부에는 봉토의 직경이 10m 내외되는 30여 기의 고총이 입지를 두었다. 봉토의 크기는 삼봉리보다 그 직경이 상당히 작다. 다행히 호덕리에서 발굴조사가 이루어져 그 성격이 다소나마 밝혀졌는데, 봉토의 중앙에는 주석곽이 자리하고 그 주변에 주석곽을 감싸듯이 소형 석곽이 배치된 다곽식이다. 유물은 삼봉리에서 수습된 것과 흡사한 가야토기와 철기류가 상당량 출토되었다.

  마지막으로, 계남면 화양리 난평마을 입구에도 1기의 고총이 있다. 이 고총은 장계지구에서 조사된 다른 고총들과 달리 법화산 동쪽 기슭 말단부에 입지를 두어, 그 위치에서는 다른 고총군과 큰 차이를 보인다[103]. 봉토의 정상부에는 고분의 벽석으로 추정되는 판석형 할석이 있고, 봉토의 하단부에도 인위적으로 쌓아올린 석렬이 노출되어, 이를 근거로 고총으로 분류하였다. 유물은 이미 논으로 개간된 고총 주변에서 밀집파상문이 시문된 가야토기편이 수습되

---

103) 다만 동쪽 기슭 말단부에 위치하고 있으면서 10여 기의 고총이 분포된 남원 월산리와는 유적의 입지가 상통한다(全榮來, 1983, ≪南原, 月山里古墳群發掘調査報告≫, 圓光大學校 馬韓·百濟文化硏究所.).

었다. 봉토의 직경이 30m 내외로 장계지구에서 조사된 고총 중 봉토의 직경이 가장 크다.

얼마 전까지만 해도, 장계지구에는 30여 기의 고총만 있는 것으로 알려졌는데[104], 최근 지표조사에서 30여 기가 새롭게 발견되어, 지금은 대략 60여 기의 고총이 분포된 것으로 파악되었다. 그런데 아직도 고총에 대한 발굴조사가 전혀 이루어지지 않아, 그 축조연대나 성격은 상세하게 파악되지 않고 있다. 다만 모든 고총이 능선 또는 지류의 정상부에 입지를 두고 있으면서 봉토 사이에 얼마간의 거리를 둔 외형적인 속성은, 소백산맥의 동쪽에서 조사된 가야계 고총과 밀접한 관련성을 담고 있다. 그리고 고총 주변에서 흔히 고령양식으로 알려진 가야토기편이 다량으로 수습되어, 그 가능성을 더욱 높여 주었다.

이상에서 살펴보았듯이, 장계지구에 산재된 60여 기의 고총은, 가야문화를 기반으로 발전하였던 토착세력집단의 수장층 내지 지배자의 고분으로 추정된다. 아울러 고총의 규모와 기수만을 가지고 추론한다면, 이들 고총을 만들었던 토착세력집단은 국가형태의 정치체 혹은 소국체제를 유지하면서 발전하였을 개연성이 상당히 높다.

2) 장수지구에서 조사된 40여 기의 고총

장수지구에서는 의암사를 휘감고 있는 능선과 그 지류의 정상부에서 40여 기의 고총이 조사되었다. 이곳은 위치상 동촌마을과 인접되어 있지만, 행정 구역상으로 장수읍 두산리에 속해 두산리 고총군이라고 이름을 붙였다.

장수읍 동쪽에는 말과 관련된 구전이 전해지는 마봉산馬峰山이

---

104) 郭長根, 2000, 〈 小白山脈 以西地域의 石槨墓 變遷過程과 그 性格 〉, 《韓國古代史硏究》 18, 한국고대사학회, 162·163쪽.

463.0

장
수
천

동 촌 리

동촌마을

동촌교

453.0

742

마지구

라지구

다지구

470

가지구

475

두 산 리

500

나지구

도면7. 장수 두산리 고총군 분포도

있다. 마봉산은 산의 형세가 말머리와 매우 흡사하다고 하여 붙여진 이름으로, 지금도 그 주변에는 투구봉·안장봉·검봉·말시암과 관련된 지명이 전해진다. 마봉산 정상에서 장수읍까지 뻗어 내린 능선과 다시 북쪽으로 갈라진 지류의 정상부에 고총이 자리하고 있다. 능선은 북서쪽으로 흘러내리다가 하단부에 이르러서, 그 방향을 약간 서쪽으로 틀면서 장수읍까지 계속된다. 능선이 방향을 바꾸는 지점에 이르러 여러 갈래의 지류들이 북쪽으로 갈라져 내렸는데, 이들 지류의 정상부에 고총이 자리하고 있다. 이처럼 고총이 북쪽으로 뻗은 지류의 정상부에 입지를 두고 있는 것은 장계면 삼봉리와 상통한다.

장수읍 두산리와 동촌리를 연결해 주는 742번 지방도를 중심으로 그 동쪽과 서쪽에 위치한 다섯 갈래의 지류 정상부에 고총이 있다. 지류들이 서로 일정한 거리를 두고 있어 모두 다섯 개의 지구로 나눌 수 있는데, 동쪽에서 서쪽으로 가면서 이름을 붙여 나갔다. 고총의 보존상태는 그다지 양호하지 못한데, 그 주요 원인으로는 도굴, 밭과 민묘구역의 조성, 농장운영 등을 꼽을 수 있다.

다른 고총군과 마찬가지로 도굴로 이곳의 모든 고총이 훼손되었다. 모든 고총을 대상으로 도굴이 집요하게 이루어져, 지금도 봉토의 정상부에는 5개 내외 도굴 구덩이가 남아있다. 도굴의 피해를 입지 않은 고총이 거의 없을 것으로 추정된다. 아울러 밭을 개간하거나 민묘구역을 조성하면서 고총이 적지 않게 훼손 내지 유실된 것으로 추정된다. 여기에 가지구와 마지구가 해당되는데, 고총은 도굴로 일차 파괴된 다음, 그 이후에도 계속되는 경작활동으로 유구가 심하게 유실되었다. 그러한 사실을 입증해 주듯, 벽석에서 빼낸 석재가 밭 둑에 상당량 쌓여있거나 민묘의 축대를 쌓는데 사용되기도 하였다. 라지구는 다른 지구와 달리 전 지역이 농장으로 개발되고, 장

장수읍 두산리 고총 근
경. 두산리 다지구에 소
재한 봉토의 직경이
20m 이상되는 고총 근
경이다.

기간에 걸친 농장운영으로 벽석이 드러날 정도로 봉토가 심하게 유
실되었다.

다른 지구에 비해, 다지구는 고총의 보존상태가 양호한 편이다.
다지구는 '동촌약수터'가 있는 곳으로, 능선에서 북쪽으로 갈라진
지류가 동촌마을까지 계속되는데, 그 길이는 200m 남짓 된다. 지류
의 정상부에는 10여 기의 고총이 빼곡이 자리잡고 있는데, 농장운영
과 마을이 확장되면서 상단부와 하단부에 위치한 고총이 일부 유실
되었다. 지류의 중앙에는 봉토가 양호하게 보존된 고총이 있는데,
봉토는 평면형태가 원형으로 그 직경이 20m 내외이다. 이처럼 봉
토의 평면형태가 원형으로 봉토 사이에는 일정한 거리를 두어 독립
성이 강조되는 정형성을 띠고 있다. 그리고 고총 사이와 그 주변의
밭에서 기대, 고배, 개배, 단경호, 장경호, 양이부발 등 전형적인 가
야토기편이 다량으로 수습되었다[105].

지금까지 살펴보았듯이, 장수읍 두산리는 가야계 고총군으로 추

---

105) 어쩌면 고총에서 출토된 모든 기종의 토기류가 포함되어 있을 정도로 그 종
류가 매우 다양하다.

정된다. 그 증거로는, 사방에서 한눈에 보이는 곳, 즉 삼봉리와 동일하게 북쪽으로 뻗어 내린 지류의 정상부에 고총이 입지를 두고 있다는 점이다. 이와 더불어 봉토 사이에 일정한 거리를 두어 독립성이 강조되었고, 밀집파상문이 시문된 다양한 기종의 가야토기편이 다량으로 수습된 점도 빼 놓을 수 없다. 장수지구는 두산리와 대성리106)에서 40여 기의 고총만 분포된 것으로 파악되어, 대략 60여 기의 고총이 분포된 장계지구와는 그 기수에서 얼마간 차이를 보인다. 그런데 봉토가 가장 양호하게 보존된 두산리 고총의 직경이 20m 내외로서, 봉토의 규모에서는 장계지구와 별다른 차이가 없다. 그래서 장수읍 두산리 고총군은 장수지구에서 가야문화를 기반으로 발전하였던 토착세력집단의 수장층과 관련된 분묘군으로 추정된다. 다만 장계지구와 구별되는 토착세력집단이 있었는지의 여부와 고총을 만들었던 토착세력집단이 언제까지 존속하였는지 등의 문제는 아직까지 고총에 대한 발굴조사가 이루어지지 않아 단정지을 수 없다.

4. 고려시대 때 널리 유행한 횡구식 석곽묘

고려시대의 묘제는 조사된 고분이 그다지 많지 않아, 아직은 그 특징을 상세하게 설명할 수 없다. 다만 고려시대에는 일반적으로 신분상의 우열관계와 사용된 묘제의 종류가 밀접한 관련성을 보이고 있을 것으로 추정된다. 그 대표적인 묘제로는 석실분, 석곽묘, 토

---

106) 팔공산에서 남서쪽으로 뻗은 지류의 정상부에 입지를 두고 있는데, 봉토의 직경이 10m 이상되는 2기의 고총을 중심으로 그 동쪽에는 이들 고총보다 규모가 작은 것이 더 있다. 봉토의 가장자리에는 호석을 돌려 놓았으며, 현재로서는 고총의 축조시기와 그 성격을 속단할 수 없지만, 일단 유적의 입지로 볼 때 가야계 고총으로 추정된다.

광묘 등이 있다.

　석실분은 왕과 특수 귀족층에 의해 조성된 것으로, 그 구조는 통일신라시대 때 성행한 석실분을그대로 답습하였다. 다만 이 시기에는 고분 정면에 이전시기 보다는 더 많은 석조물을 배치하고 있다는 점에서 다소간 차이를 보인다. 석곽묘는 귀족층이 주로 사용하던 묘제로서 횡구식이 주종을 이룬다. 그 구조는 이전　시기의 고분과 흡사한 구조를 띠고 있지만, 단지 시신을 안치한 석곽의 폭이 약간 넓어지고, 그 높이가 낮아지는 점에서 차이를 보인다. 토광묘는 '민묘' 라고 불리는 것으로 주로 일반 사람들 사이에서 성행되었다. 이것은 지하에 장방형의 토광을 파고 그 안에 목관과 약간의 부장품을 넣고 봉분을 씌운 것을 말한다.

　장수에서는 수혈식 석곽묘나 횡혈식 석실분이 발견된 위치보다 그 위쪽에서 많은 고분이 조사되었다. 이들 고분은 대체로 남쪽 기슭의 중단부 이상에　자리하여 그 입지에서 정형성을 보여 주었다. 아쉽게도 잡초가 무성하게　우거진 임야지대에 유적이 자리하고 있어 유적의 성격이나 고분의 구조조차 파악하기가 쉽지 않은 실정이다. 그런데　도굴로 그 내부가 드러난 고분이 적지 않고, 면담조사나 발굴조사를 통해서도 얼마간의 자료가 축적되어, 그　성격은 어느 정도 추론해 볼 수 있다.

　장수의 전 지역에서 골고루 분포되어 있지만, 고려 때 장수현長水縣, 장계현長溪縣, 양악소陽岳所, 이방소梨方所, 복흥소福興所 등의 행정 치소가 설치된 곳에 더욱 밀집되어 있다107). 장수읍과 장계면을 제외하면, 천천면 남양리와 장수읍 대성리는 유적의 규모가 방대하고 고분이 밀집도가 상당히 높다. 횡혈식 석실분과 동일하게 남쪽

---

107) 그러나 천잠소가 있었던 곳으로 비정된 천천면 와룡리 일대에서는 아직까지도 고분의 존재 여부가 파악되지 않고 있다.

내지 남서쪽 기슭에 입지를 두고 있으며, 지형상으로는 석실분보다 험준하거나 그 위쪽에다 입지를 두었다. 예컨대 장수읍 노곡리는 능선의 정상부인 피나무재 부근, 장수읍 노하리·용계리·대성리는 남쪽 기슭의 중단부, 천천면 남양리의 경우도 남동쪽 기슭의 중단부에 입지를 두었다.

장수읍 노곡리에서는 고분의 구조를 살필 수 있는 고분이 조사되었다. 고분은 남쪽 기슭 중단부에 입지를 두고 있는데, 개석이 도굴로 유실되어 그 내부가 훤히 들여다보인다. 벽석은 크기가 일정하지 않은 할석을 가지고 벽석 사이에 넓은 공간이 생길 정도로 매우 조잡하게 쌓았으며, 다른 벽면과 달

장수읍 노곡리 고분군 B 도굴된 고분의 내부 모습. 도굴로 개석이 유실되어, 고분의 내부가 드러난 상태로 방치된 노곡리 횡구식 석곽묘이다.

리 남벽은 모로쌓기 방식 일색[108]으로 축조되었다. 유구의 장축방향은 남쪽 기슭과 일치되게 남북으로 두었다. 고분의 입지와 장축방향, 남벽을 비롯한 벽석의 축조방법 등을 근거로, 이 고분은 일단 고려시대 횡구식 석곽묘로 추정된다.

그간의 발굴조사를 통해 횡구식 석곽묘는 두 개소의 유적에서 조사되었다. 하나는 계북면 양악리[109]이고, 다른 하나는 계남면 호덕리 고분군[110]이다. 전자는 유물이 출토되지 않았고, 유구도 심하게 훼손된 상태였지만, 벽석의 축조방법을 비롯한 유구의 속성이 고려

---

108) 흔히 횡구식 석곽묘의 폐쇄석과 흡사하게 벽면의 안쪽이 고르지 않다.

109) 全北大學校 博物館·群山大學校 博物館, 2000, 앞의 책, 182·183쪽.

110) 全北大學校 博物館·群山大學校 博物館, 2000, 앞의 책, 70·73쪽.

시대 횡구식 석곽묘의 속성을 강하게 보여 주었다. 후자는 석곽의 내부에서 청자류와 청동제 뒤꽂이가 부장된 상태로 출토되어[111] 고려시대 고분으로 밝혀졌다. 고분은 도굴로 개석이 유실될 정도로 유구의 보존상태가 양호하지 않았지만, 석곽의 폭이 넓고 그 높이가 낮은점에서 고려고분의 속성을 담고 있음을 지적할 수 있다.

끝으로, 고려시대 이후의 고분으로는 회곽묘灰槨墓가 있다. 조선시대 널리 유행한 회곽묘는, 땅을 파고 회로 외곽을 만든 다음 그 안에 시신이 안치된 목관을 넣어주는 구조를 띠고 있다. 가끔씩 신문이나 방송에서 육탈되지 않은 상태로 인골이 나왔다든지, 의상류와자기류가 출토된 것으로 보도된 고분이 바로 회곽묘이다. 장계면오동댐 수몰지구에서 1기[112]와 계북면 양악리에서 2기[113]의 회곽묘가 조사되었는데, 당시에 유물은 출토되지 않았다. 회곽묘가 더이상 발굴된 것은 없지만, 도굴로 그 내부가 노출된 회곽묘가 계남면 궁양리에서도 조사되었다. 역시 회곽묘가 자리한 유적의 입지와유구의 장축방향, 회곽의 축조방법, 목관의 사용 등의 속성은 다른지역에서 조사된 것과 밀접한 관련성을 엿볼 수 있다.

5. 장수의 역사성을 강하게 담고 있는 성과 봉수대

장수의 지역성과 역사성을 강하게 담고 있는 대표적인 유적으로는 성과 봉수대[114]가 있다. 우리 나라의 대표적인 관방유적으로, 그

---

111) 청자병과 청동제 뒤꽂이가 남벽과 북벽에 치우친 상태로 출토되었다. 청자병은 바닥이 약간 들려 있고, 동체부의 중간부분에서 최대복경을 이루며, 녹청색유약이 바닥을 제외한 전면에 시유되었다(全北大學校 博物館 · 群山大學校 博物館, 2000, 앞의 책, 71쪽.).

112) 윤덕향, 1991, 앞의 책.

113) 全北大學校 博物館 · 群山大學校 博物館, 2000, 앞의 책, 184 · 153쪽.

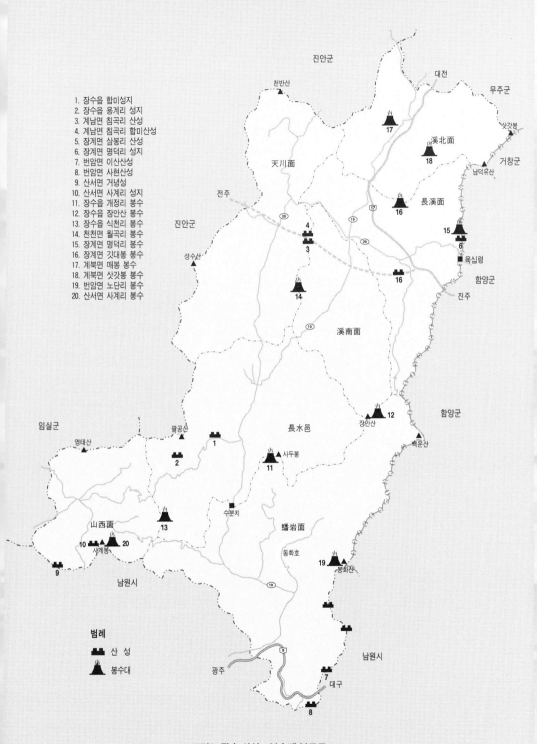

1. 장수읍 함미성지
2. 장수읍 용계리 성지
3. 계남면 침곡리 산성
4. 계남면 침곡리 합미산성
5. 장계면 삼봉리 산성
6. 장계면 명덕리 성지
7. 번암면 이산산성
8. 번암면 사현산성
9. 산서면 거녕성
10. 산서면 사계리 성지
11. 장수읍 개정리 봉수
12. 장수읍 장안산 봉수
13. 장수읍 식천리 봉수
14. 천천면 월곡리 봉수
15. 장계면 명덕리 봉수
16. 장계면 깃대봉 봉수
17. 계북면 매봉 봉수
18. 계북면 삿갓봉 봉수
19. 번암면 노단리 봉수
20. 산서면 사계리 봉수

범례
🏰 산 성
🌋 봉수대

도면8. 장수 산성·봉수대 분포도

자체만으로도 중요한 역사적 의미가 담겨져 있는데, 여기서는 유적의 개념과 그 분포양상을 간략하게 살펴보고자 한다.

성이란 적의 침입을 막기 위해 흙이나 돌로 높이 쌓아올린 시설물을 말한다. 우리 나라의 성은 성벽의 축성 재료에 따라 목책성, 토성, 석성, 토석혼축성, 전축성 등으로 구분된다. 그리고 성이 위치하는 지형에 따라 산성, 평지성, 평산성 등으로 세분된다. 장수에서는 짓재리 토성을 제외하면 모두 석성에 해당하는 산성만 조사되었다. 우리 나라 성곽의 주류를 이루는 산성은 다시 입지한 지형, 즉 성벽이 산지를 둘러싸고 있는 모양에 따라 산정식, 포곡식, 복합식으로 구분된다.

〈 표 8 〉처럼 성은 장수의 중앙에 위치한 장수읍 합미성지와 계남면 침곡리 산성을 중심으로 소백산맥 준령에 6개소, 산서면 일원에 2개소 등 모두 10여 개소가 조사되었다. 여기에 남원 성리 합미성과 짓재리 토성115)까지 포함한다면, 남원시와 경계를 이루는 곳에는 모두 6개소의 성이 밀집되어 있다. 특히 장수의 중앙에 위치한 2개소의 성은 다른 것보다 그 규모가 월등히 크고 포곡식이라는 점에서 큰 관심을 끈다. 다른 성은 대체로 교통로가 통과하는 길목 혹은 소백산맥의 준령에 입지를 두고 있는데, 후자는 삼국시대 때 백제와 신라의 접경지라는 역사적 사실과 관련이 있을 것으로 추정된다. 그리고 산서면 일원에 분포된 2개소의 성은 백제와 통일신라시

---

114) 全北鄕土文化硏究會, 1988, 앞의 책.

115) 장수군 번암면 노단리와 남원시 아영면 성리 경계를 이루는 짓재를 중심으로 남북으로 길게 자리하고 있다. 판석형 자연석을 가지고 3단 내지 4단 높이로 쌓은 다음, 그 위에 흙을 덮어놓은 형태로 포곡형 토루시설로 추정된다. 주민들의 제보에 의하면, "봉화산에서 시루봉까지 이어진다"고 하며, 현재 500m 내외의 길이로 남아있다(全北大學校 博物館, 1987, ≪南原地方文化遺蹟地表調査報告書≫, 南原郡・全羅北道., 23・24쪽.).

〈표8〉 장수의 산성 분포현황

유 적 명	유 적 의 위 치	구조	비 고
장수읍 합미성지	장수읍 대성리 팔공산 남쪽	포곡식	장수지구
장수읍 용계리 성지	장수읍 용계리 타관산 북쪽	산정식	장수지구
계남면 침곡리 산성	계남면 침곡리 사곡마을 서쪽	포곡식	장계지구
계남면 침곡리 합미산성	계남면 침곡리 방아재마을	산정식	침령산성
장계면 삼봉리 산성	장계면 삼봉리 남산마을 동쪽	산정식	장계지구
장계면 명덕리 성지	장계면 명덕리 연동마을 동쪽	산정식	장계지구
장계면 명덕리 전투지	장계면 명덕리 원명덕마을 동쪽		장계지구
번암면 이산산성	번암면 유정리 사치마을 북동쪽	산정식	번암지구
번암면 사현산성	번암면 유정리 사치마을 남동쪽	산정식	번암지구
산서면 거녕성	산서면 봉서리 고상골마을 남쪽	포곡식	산서지구
산서면 사계리 성지	산서면 사계리 대산촌마을 동쪽	산정식	산서지구

대 때 거사물현과 거사물정을 두어 당시 지방 군제의 근거지와 관련이 있는 것이 아닌가 싶다.

봉수는 높은 산 정상에 봉화대를 설치하고 밤에는 횃불烽, 낮에는 연기燧로써 위급한 상황을 전하던 통신방법이다. 이와 같은 통신방법이 사용된 것은 상당히 오래된 것으로 추정되고 있지만, 우리나라에서 정식으로 시작한 것은 고려 의종 이후부터이다. 즉 의종毅宗 3년(1149) 서북면 병마사 조진약曹晉若의 상주上奏에 의해 낮에는 연기로, 밤에는 횃불로, 평상시에는 1번씩 올리고, 2급에는 2번, 3급에는 3번, 4급에는 4번씩 올리도록 하였다. 그 후 조선시대에 이르러 세종 때 정식으로 체제가 갖추어졌는데, 평상시에는 1거炬, 적이 나타나면 2거, 적이 국경을 접근하면 3거, 국경을 넘어오면 4거, 접전을 하면 5거를 올리도록 하였다.

모두 9개소가 조사된 봉수대는 그 분포양상이 성과 상당한 차이를 보인다. 봉수대는 성이 위치한 능선상에 4개소, 다른 것은 모두 그 안쪽에다 입지를 두고 있다. 특히 천천면 월곡리 봉수대는 계남

계남면 침곡리 산성 붕괴된 성벽의 단면 모습

<표9> 장수의 봉수대 분포현황

유 적 명	유 적 의 위 치	비 고
장수읍 개정리 봉수	장수읍 개정리 사두봉	장수지구
장수읍 장안산 봉수대	장수읍 덕산리 장안산	장수지구
장수읍 식천리 봉수	장수읍 식천리 묘복산	장수지구
천천면 월곡리 봉수	천천면 월곡리 봉화산	장수지구
장계면 명덕리 봉수	장계면 명덕리 남덕유산 남쪽	장계지구
장계면 깃대봉 봉수	장계면 월강리 깃대봉	장계지구
계북면 매봉 봉수	계남면 어전리 매봉	계북지구
계북면 삿갓봉 봉수	계북면 어전리 삿갓봉	계북지구
무주군 안성면 봉화산 봉수	무주군 안성면 진도리 봉화산	무주군 안성면 소재
무주군 안성면 매방재산 봉수	무주군 안성면 죽천리 매방재산	무주군 안성면 소재
번암면 노단리 봉수	번암면 노단리 봉화산	번암지구
산서면 사계리 봉수	산서면 사계리 사계봉	산서지구

면 침곡리 산성에서 남쪽으로 2km 떨어진 능선의 정상부에 입지를 두고 있어, 모든 봉수대를 한눈에 조망할 수 있는 곳이다. 장수와 동일 지역권을 이루고 있는 무주군 안성면에 분포된 2개소까지 포함시킨다면 모두 11개소의 봉수대가 밀집되어 있다. 어쨌든 장수는 전북에서도 한정된 지역 내에 봉수대가 가장 밀집된 곳이다.

아쉽게도, 성과 봉수대는 지표조사에서 그 분포양상만 파악되었을 뿐이며, 아직도 축성방법이나 연대와 같은 기본적인 의미조차 파악되지 않았다. 그러므로 이들 유적에 대한 최소한의 학술자료를 수집하기 위한 차원에서 정밀 지표조사와 함께 발굴조사가 조속히 추진되어야 할 것으로 생각된다.

6. 생활상의 모습이 담겨진 다양한 유적들

장수의 사회상과 생활상을 엿볼 수 있는 유적으로는 도요지, 건물지, 유물산포지 등이 있다. 유적의 종류별로 그 분포양상이나 성격을 살펴보면 아래와 같다.

첫째로, 토기와 자기를 구웠던 34개소의 요지 유적이다. 요지는 수습된 유물의 종류와 그 성격에 따라 토기·자기·와요지로 세분된다.

토기요지는 계남면과 계북면에서 모두 4개소가 조사되었는데, 그 수는 그다지 많지 않다. 계남면 화양리 토기요지에서는 기벽이 상당히 두껍고 승석문과 격자문이 시문된 회청색 경질토기편이 수습되었다. 반면에 계북면에서 조사된 3개소의 요지에서는 기벽이 매우 얇고 평저를 이루면서 그 직경이 넓은 고려시대 토기편만 수습되었다. 전자는 계남면 화양리 고총을 중심으로 그 주변에 삼국시대 유적이 한층 밀집되어, 이들 유적과 관련이 있을 것으로 추정된다. 후자는 고려 때 양악소가 설치되었던 계북면 양악리와 인접되어, 시기적으로나 위치상으로 서로 연관관계가 많을 것으로 여겨진다.

청자 혹은 분청사기와 관련된 도요지는 한군데도 발견되지 않았다. 그런데 장수군과 인접된 진안군은 성수면聖壽面 도통리道通里에서 청자요지116), 성수면 중길리中吉里117)와 백운면 반송리盤松

---

116) 도통리 중평마을과 그 주변에 4개소의 청자 요지가 자리하고 있는데, 이들 요지는 문헌에 소개되지 않은 점에서 고려 초기에 청자를 구웠다가 조선시대에 이르러 폐요된 것으로 추정된다(金英媛, 1997, ≪全北의 朝鮮時代 陶窯地≫ · 朝鮮時代 粉青·白磁 窯址 -, 國立全州博物館, 329·331쪽.).

117) 중길리 사기점마을로 달리 점촌 혹은 점터라고도 불린다. 현재 남쪽과 남동쪽 기슭에는 분청사기편이 절대량을 차지하고 여기에 청자편도 일부 포함된 상태로 다양한 자기편과 도침, 소토가 폭 넓게 산재되어 있다(金英媛, 1997, 앞의 책,323·328쪽.).

里118)에서 분청사기 요지가 조사되었다. 이처럼 이들 지역이 서로 인접되어 있음에도 불구하고 요지의 분포양상에서 큰 차이를 보여주어 많은 궁금증을 자아낸다. 반면에 백자와 관련된 요지는 전 지역에서 모두 16개소가 조사되었다. 이들 유적은 지명을 통해서도 그 위치가 파악될 만큼 점촌·점터·점골·도모지골119) 등으로 불리는 마을 주변에서 발견되었다. 연소실·소성실·연통부 등이 비교적 양호하게 보존된 계북면 농소리와 산서면 오성리를 제외하면, 다른 곳은 유구가 심하게 훼손되었다. 삼국시대부터 행정 치소가 설치되었던 곳에서 주로 발견된 와요지의 경우도 흙이 기름지고,

118) 반송리 두원마을 입구와 여기서 남동쪽으로 100m 정도 떨어진 감나무골, 그리고 다시 500m 쯤 산골짜기로 올라가면 청자, 분청사기, 백자를 구웠던 요지가 자리하고 있다. 고려 말엽의 요업 전통이 이어져 내려와 조선 전기까지 활발하게 자기를 구웠던 곳으로, ≪세종실록지리지≫에 진안현 자기소로 소개된 것과 관련이 있을 것으로 추정된다(金英媛, 1997, 앞의 책, 311·319쪽.).
119) 지도에 마을이 있는 것으로 표시되어 있지만 현재 사람이 살지 않는다. 면담조사 때 도요지와 관련된 어떤 제보도 없었지만, '도모지'라는 마을 이름에 의미를 두고 현지조사를 실시하여 백자를 구웠던 요지가 있다는 사실을 확인하였다.

물이 풍부하고, 지형이 완만한 곳에 입지를 두고 있어서 농경지 개간으로 유구가 심하게 훼손되어 안타까움을 더해 준다.

요지와 관련하여 빼 놓을 수 없는 것은 철을 생산하였던 야철지이다. 그간의 설문조사에서 야철지는 3개소가 있었던 것으로 파악되었는데, 야철지와 직접 관련된 것은 계남면 신전리에서만 수습되었다. 계남면과 장수읍 경계를 이루는 능선의 북쪽 기슭에 신전리가 위치하고 있는데, 유구는 발견되지 않았지만 광범위한 지역에서 철재편이 수습되었다. 그런데 무령고개 북쪽 기슭에 위치한 장계면 대곡리 야철지는 이미 유실되었으며, 계북면 양악리 야철지는 주민들의 제보를 통해 철재편이 있었다는 사실만을 확인하였다. 이외에도 육십령으로 연결되는 교통로가 통과하는 장계면 명덕리120)와 팔공산 남쪽 기슭의 장수읍 대성리에서도 철재편이 수습되어121) 야철지가 조사될 가능성이 있다. 그러나 야철지는 유구가 발견되지 않고 유물도 수습되지 않아, 현재로서는 야철지의 조성시기나 그 성격이 어떤지를 설명할 수 없다.

둘째로, 사지 내지 행정적인 기능을 담당하였던 건물지이다. 사지와 관련된 것은 주로 지형이 험준한 곳에서 모두 10여 개소가 조사되었다. 그 중 장계면 삼봉리와 장수읍 노하리 사지, '8개소의 암자터가 있었다' 는 구전이 전해지는 팔공산 동쪽 기슭에 위치한 사지가 대표적이다. 삼봉리 사지는 탑동마을 주변의 구릉지대에 위치하여 다른 사지와 입지에서 큰 차이를 보여주고 있는데, 현재 마을 입구에 보존된 탑재석이나 유물의 분포범위로 볼 때, 그 규모가 방대

---

120) 명덕리 원명덕마을 주민들이, "이 마을에서 남동쪽으로 1.5km 떨어진 육십령으로 오르기 시작하는 골짜기에 쇠덩어리와 불에 그을린 흙이 넓게 널려 있다"고 제보해 주었지만, 아직까지 유구의 흔적을 발견하지는 못했다.

121) 여기서 수습된 유물 중 철재편으로 추정되는 것이 포함되어 있지만, 아직은 그 양이 많지 않아 성격을 파악하기가 매우 어렵다.

할 것으로 추정된다. 더욱이 사지와 관련된 대부분의 지역이 이미 마을로 조성되었거나 농경지로 개간되어, 이 유적이 더 이상 훼손되기 이전에 조속히 발굴조사가 추진되어야 할 것이다. 그리고 장수읍 서쪽에 우뚝 솟은 봉황산 동쪽 기슭 중단부에 위치한 노하리 사지는 상당수의 군민들이 제보해 줄 정도로 널리 알려진 곳이다. 다행히 장계면 삼봉리 사지를 제외하면 다른 유적은 대체로 사람들의 왕래가 적은 산기슭에 위치하여 그 보존상태는 양호한 편이다.

다른 한편으로, 삼국시대부터 행정 치소가 설치되었던 곳에서 3개소의 건물지가 조사되었다. 예컨대 장수읍 장수리·송천리·대성리, 장계면 삼봉리·월강리·침곡리, 천천면 남양리·와룡리, 계북면 원촌리·양악리 등이 여기에 속한다. 이들 지역에는 지금도 관아지·도지터·옥터·원님터·장터 등과 관련된 구체적인 구전이 전해지고 있다. 그런데 건물지가 있었던 곳은 오래 전에 이미 농경지로 개간되었고, 그 이후에도 장기간에 걸친 경작활동으로 인해 유구가 대부분 유실되었다. 예컨대 백제의 백해군과 통일신라시대의 벽계군과 관련된 건물지가 있었던 곳으로 알려진 장계면 월강리 도지都址122)는, 몇 년 전까지만 해도 초석으로 추정되는 석재가 있었는데, 지금은 그 흔적조차 찾을 수 없다. 그리고 행정의 치소와 관련되어 구전이 남아있는 계남면 침곡리 고기마을과 장수읍 송천리 경우도 마찬가지다.

마지막으로, 선사시대부터 역사시대까지 다양한 유물이 수습된 유물산포지가 있다. 유물이 흩어져 있어 그 유물과 관련된 유적이 자리하고 있을 가능성은 충분히 내재되어 있지만, 어떤 성격의 유적이 있는지 판단하기 어려운 곳을 고고학에서는 흔히 유물산포지라

---

122) 文化財管理局, 1975, 앞의 책, 47쪽.

고 부른다. 그간의 지표조사에서는 모두 40여 개소의 유물산포지가 조사되었는데, 이들 유적은 대체로 들판과 그 주변의 구릉지대에 입지를 두고 있다.

그 동안 생활유적과 관련된 것은 10여 개소가 조사되었다. 여기에 속하는 유적은 대체로 들판과 구릉지대가 넓게 펼쳐진 장계면, 장수읍과 천천면, 산서면 일대에 주로 밀집되어 있다. 천천면 월곡리에서 경지정리사업을 실시하던 중 유물이 발견되어, 여러 유적 중 유일하게 수습조사가 이루어졌다[123]. 당시 조사에서는 유구가 발견되지 않았지만, 유물은 빗살문토기편과 무문토기 저부편, 굴지구, 갈판, 석검 등 석기류가 출토되었다. 빗살문토기편은 태선식부터 짧은 빗금이 시문된 토기편까지 다양한 기종이 출토되었는데, 그 속성은 남해안 도서지역 출토품과 상통한다. 그렇다면 금강에서 남강 혹은 섬진강 수계권을 직접 연결해 주는 남북방향의 교통로를 이용하여, 당시에도 활발한 교류관계가 이루어졌음을 추론해 볼 수 있다. 그리고 농경과 관련된 것으로 추정된 석기류는 신석기시대부터 초기 농경에 의한 생산활동이 시작되었음을 암시해 주었다.

청동기시대의 무문토기편은 천천면 월곡리를 비롯하여 장수읍과 장계면, 산서면 일원에서 수습되었다. 장수천과 장계천을 따라 들판이 넓게 펼쳐진 곳에 유적이 입지를 두고 있는데, 산서면의 경우는 들판과 그 주변의 구릉지대에서도 상당량의 무문토기편이 수습되었다. 지금까지 드러난 바로는, 지석묘가 밀집된 곳에서 무문토기편이 집중적으로 수습되어, 이들 토기편이 지석묘를 조영하였던 세력집단과 밀접한 관련성이 있을 것으로 보여진다.

원삼국시대 토기편과 회청색 경질토기편은 주로 구릉지대에서

---

123) 윤덕향·강원종, 2001, 앞의 책, 15·55쪽.

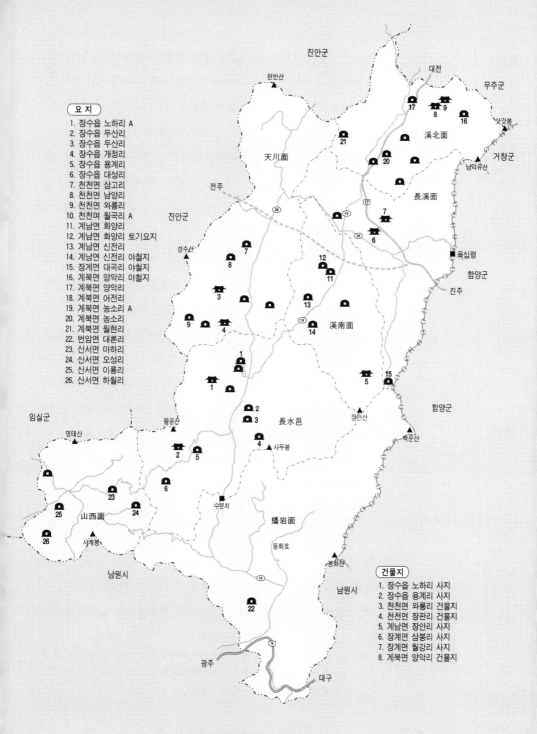

도면9. 장수 건물지 · 요지 분포도

서로 혼재된 상태로 수습되었다. 물론 장계면 장계리와 월강리처럼 들판의 한 복판에서도 간혹 이들 토기편이 수습된 경우도 있지만, 그 빈도수는 그다지 높지 않다. 무엇보다 지류가 들판까지 뻗어내리면서 구릉지대가 넓게 펼쳐진 장수읍 송천리와 두산리, 장계면 월강리, 계남면 침곡리와 호덕리에서 다양한 기종의 토기편이 수습되었다. 이러한 유적의 입지로 볼 때, 원삼국시대에 이르러서는 생활유적이 들판에서 구릉지대로 그 위치가 확대되었을 가능성[124]도 예상할 수 있다.

이밖에도 장수읍 선창리와 두산리에서는 분묘유적으로 추정되는 유물산포지가 조사되었다. 전자는 초기철기시대의 분묘유적에서 출토되는 점토대토기편이 수습되어 상당히 관심을 끌었으며, 후자는 지형이 가파른 남쪽 기슭에서 격자문과 승석문이 타날된 원삼국시대 토기편이 다량으로 수습되었다. 그리고 위에서 생활유적으로 분류된 장수읍 송천리, 계남면 침곡리, 장계면 월강리, 산서면 일원에서도 분묘유적이 조사될 가능성이 높을 것으로 판단된다. 다름 아닌 장수읍 선창리에서 수혈식 석곽묘가 등장하기 이전에 널리 유행하였던 토광묘가 남쪽 기슭에서 발견되어, 그 가능성을 암시해 주었기 때문이다.

이상과 같이 유물산포지는 단지 지표조사에서 그 분포양상만 파악되고 발굴조사가 이루어지지 않아, 아직은 그 성격이 어떤지 속단할 수가 없다. 다만 장수의 역사와 문화를 보다 심층적으로 조명하는데 값진 고고학적 자료를 제공해 줄 것으로 큰 기대를 모으고 있다. 그런데 지금도 이들 유적이 계속되는 경작활동과 경지정리사업

---

124) 계남면 침곡리 고기마을 북쪽 구릉지대의 정상부에서 농수로공사를 위해 파 놓은 절단면에 원삼국시대 토기편이 박혀진 수혈식 주거지가 드러났다(郡山 大學校 博物館, 2000, 앞의 책, 39 · 40쪽.).

으로 훼손 내지 유실되고 있기 때문에, 그 보존 관리에 보다 더 심혈
을 기울여야 할 것으로 생각된다.

제 5 장 유적으로 이해하는 장수의 역사와 문화

제 5 장
유적으로 이해하는 장수의 역사와 문화

장수는 지석묘를 제외하면, 종래에 보고된 고고분야 유적이 거의 없을 정도로 고고학 분야에서는 공백상태로 인식되었던 곳이다. 하지만 1988년 장수군 전 지역을 대상으로 실시된 문화재 지표조사125), 대전 · 통영간 고속도로126)와 군산 · 함양간 고속도로127) 구간 문화유적 지표조사, 그리고 2000년 장수군 문화유적 지표조사128)를 통해 문화유적의 전모를 가늠해 볼 수 있게 되었다. 그러나 이들 문화유적에 대한 발굴조사는, 다른 전북지역과 비교할 수 없을 정도로 여전히 미진한 단계에 머물러 있어서 여기서는 그간의 지표조사나 발굴조사를 통해 축적된 고고학적 자료를 가지고 장수의 역사와 문화의 전개과정을 간략하게 살펴보고자 한다.

---

125) 全北鄕土文化硏究, 1988, 앞의 책.

126) 全北大學校 博物館 · 群山大學校 博物館, 2000, 앞의 책.

127) 湖南社會硏究會, 1998, ≪群山 · 咸陽(所陽 · 長溪間)高速道路 建設事業 文化 遺蹟 地表調査 報告書≫, 韓國道路公社.

128) 群山大學校 博物館, 2001, 앞의 책.

1. 선사시대의 문화가 꽃피운 장수

장수에 언제부터 사람들이 살기 시작하였는가를 추정하기는 그리 쉬운 일이 아니다. 다행히 장수군과 바로 인접된 진안 용담댐 수몰지구인 정천면 모정리 진그늘마을에서 후기 구석기시대 유적이 발견되어[129], 그 상한은 일단 구석기시대까지 끌어올릴 수 있지 않을까 생각된다. 이 유적에서는 20여 개소의 석기제작소와 화덕자리, 완성된 석기구역에서 여러 가지 석기와 함께 몸돌과 격지, 돌날, 좀돌날, 부스러기, 조각돌 등이 다량으로 출토되었다. 특히 슴베찌르개가 주종을 이루고 있는 점을 근거로, 이 유적의 성격은 특정 철마다 찾아와서 주로 사냥용 연장을 만들고 잡은 짐승을 처리하던 사냥캠프로 추정하고 있다[130]. 따라서 장수에서도 구석기시대 유적을 찾는 일에 많은 관심을 기울인다면, 머지않아 이 시기의 유적이 조사될 가능성이 충분히 내재되어 있다.

우리 나라에서 신석기시대는 정착생활을 영위하는 생활유적의 등장, 토기의 발명 그리고 마제석기의 출현 등으로 이해되고 있다. 이 시기의 상징적인 유물인 빗살문토기편이 천천면 월곡리 월곡초등학교 부근과 반월마을 입구 농지정리사업 현장에서 수습되었다. 이들 지역은 장수천을 따라 넓게 펼쳐진 들판에 입지를 두었는데, 그것은 농경에 유리한 자연환경과 다양한 생계양식을 통한 안정된 정착생활을 유지하기 위한 조건과 관련이 있는 것[131]으로 보고 있

---

129) 조선대학교 박물관, 2000, 〈 진안 진그늘 구석기시대유적 〉 현장설명회 자료
　　참조.
130) 이기길, 2001, 〈 호남 내륙지역의 구석기문화 〉, 《호남지역의 구석기문화》,
　　湖南考古學會, 27 · 50쪽.
131) 宋銀淑, 1998, 〈 湖南 內陸地域 新石器文化에 대한 考察 〉, 《호남지역의 신
　　석기문화》, 湖南考古學會, 17 · 38쪽.

다. 아쉽게도 유구가 훼손된 상황에서 빗
살문토기편만 수습되었는데, 그 속성은
진안 용담댐을 비롯하여 남해안 혹은 영
남지방의 서부 내륙지역 출토품과 상통
한다.

그런데 이들 지역이 상당한 거리를 두
고 있음에도 불구하고 서로 유사한 속성
을 띠는 빗살문토기편이 발견된 것은 무
척 흥미롭다. 아마도 그것은 지정학적으
로 이들 지역의 중간에 위치한 장수를 경

유하는 교통로를 이용하여 당시에 활발한 교류관계가 있었음을 상
정해 볼 수 있다. 다시 말하면, 소백산맥의 준령에 위치한 월성치·
육십령·짓재 등은 신석기시대부터 소백산맥의 양쪽에 기반을 둔
세력집단들이 서로 교류하는데 중요한 관문으로서 큰 역할을 담당
하였을 것으로 여겨진다. 이처럼 중요한 의미를 담고 있는 신석기시
대의 유적은 대체로 하천을 따라 형성된 들판에 입지를 둔 것으로
밝혀졌기 때문에, 앞으로 이들 유적이 훼손되지 않도록 언제나 많은
관심을 두어야 할 것이다.

청동기시대에 이르러서도, 장수는 지속적인 발전을 이루었던 것
으로 보인다. 우리 나라에서 청동기시대는 기원전 1,000년을 전후
한 시기에 청동기문화의 등장과 함께 시작되는데, 토기에 아무런
장식이 없는 무문토기가 주종을 이루어 달리 무문토기시대라고도
불린다. 이 시기의 가장 두드러진 특징은 선후관계가 다른 석관묘,
지석묘, 옹관묘 등 다양한 고분이 등장한다는 점이다. 그간의 지표
조사를 통해 장수에는, 이 시기의 상징적인 고분인 지석묘가 20여
개소에서 70여 기가 있었던 것으로 파악되었다.

지석묘는 주로 하천변에 발달한 들판이나 교통로가 통과하는 지역에 밀집된 분포양상을 보인다. 예컨대 금강의 지류인 장수천, 장계천, 구량천 유역에서 집중적으로 조사되었는데, 특히 장계천을 따라 교통로가 지나는 장계면 삼봉리와 계남면 침곡리 일대에 한층 밀집되어 있다132). 그리고 섬진강 지류인 오수천 유역에는 들판과 그 주변에 펼쳐진 구릉지대에 장수에서는 가장 많은 지석묘가 밀집되어 있었다. 장수에 분포된 지석묘는 들판, 구릉지대, 산기슭 등에 입지를 두고 있어 다른 지역과 구별되는 특징적인 요소는 별로 없다. 그리고 북방식으로 알려진 장계면 삼봉리133) 지석묘를 제외하면, 다른 지석묘는 모두 남방식으로 상석의 모양이나 그 크기에서도 강한 지역성은 발견되지 않는다. 그런데 지금도 지석묘에 대한 한 차례의 발굴조사도 이루어지지 않아 그 축조연대나 성격이 어떤지를 상세하게 살필 수 없다.

다행히 진안 용담댐 수몰지구에서 발굴조사가 활발하게 이루어졌다. 요컨대 안천면 삼락리 구곡·안자동134)·수좌동135)·승금리·풍암, 정천면 모정리 여의곡136)·모실137)·진그늘·망덕138),

---

132) 장계면 삼봉리 노평마을 주민들의 증언에 의하면, 본래 장계천 유역의 沖積地에는 동서방향으로 흐르는 河川을 따라 30여 기의 支石墓가 群을 이루고 있었다고 하는데, 지금은 北方式으로 알려진 1기의 지석묘만 남아 있을 뿐이다.

133) 全榮來, 1979, 앞의 논문, 37·39쪽.

134) 李在烈, 1997, 〈鎭安 顔川面一帶 支石墓〉, ≪湖南地域 古墳의 內部構造≫, 湖南考古學會, 111·120쪽.

135) 이재열, 1999, 〈진안 용담댐 수좌동 지석묘군〉, ≪동원학술전국대회≫, 제2회 국립박물관 동원학술전국대회 발표요지.

136) 진안 용담댐 수몰지구의 발굴조사를 통해, 그 존재가 알려진 유적으로 정자천이 금강의 본류에 합류하는 부근에 위치한다. 여기서는 지석묘를 비롯한 그 구조가 다른 청동기시대의 고분, 주거지, 밭, 지석묘 상석을 운반하였던 것으로 추정되는 길, 구상유구, 역사시대의 고분이 함께 조사되었다.

137) 김승옥, 1999, 〈진안 용담댐 지석묘 발굴조사〉, ≪제42회 전국역사학대회 발표요지≫, 한국역사학대회 준비위원회, 363·379쪽.

상전면 월포리, 마령면 평지리139) 등의 유적에서 대략 200여 기의 지석묘가 조사되었다. 그런데 이들 지석묘는 외곽에 타원형, 장방형, 방형 등의 묘역을 구획한 다음, 그 중앙에는 지하식 혹은 지상식의 매장주체부를 갖추어 놓았다. 종래에 이것과 유사한 형태의 지석묘가 거창과 합천 등 황강 유역에서 조사되었다. 그렇다면 소백산맥의 양쪽에 기반을 둔 세력집단들이, 장수를 통과하는 교통로를 이용하여 교류관계가 이루어졌을 개연성이 높기 때문에, 지석묘의 성격도 이들 지역과 별다른 차이가 없을 것으로 여겨진다.

우리 나라는 기원전 300년을 전후한 시기에 고조선古朝鮮과 중국 연燕의 무력 충돌로 고조선 유이민들이 한반도 남쪽으로 내려오면서 새로운 격변의 시기를 맞는다. 고조선 유이민의 남하로 인해, 지

안천면 삼락리 안자동 지석묘 발굴 후 전경. 진안 용담댐 수몰지구에서 조사된 것으로 큰 돌로 사방을 구획한 다음 그 안에 시신과 유물을 넣는 공간을 마련해 놓았다.

138) 전북대 박물관 · 호남문화재연구원, 2000, 〈 용담댐 수몰지구내 문화유적 4차 발굴조사 및 지석묘 이전복원 지도위원회의 자료 〉 참조.

139) 郭長根 · 韓修英 · 趙仁振, 1998, 앞의 책.

석묘 사회가 급격히 해체되면서 새로운 질서의 재편 과정은 마한馬韓의 형성으로 이어진다. ≪삼국지≫ 동이전 한조에는 마한에 모두 54개의 小國이 있었던 것으로 기록되어 있다. 마한의 영역이 오늘날 경기 서해안, 충남, 전북, 전남 등에 걸쳐 있었던 점을 감안한다면, 이들 소국은 대체로 현재 군 단위마다 하나씩 자리하고 있었던 것으로 보고 있다. 그리고 묘제는 청동기시대의 옹관묘가 발전하여 대형화되고, 여기에 목관묘를 비롯한 다양한 형태의 고분이 새롭게 출현하면서 강한 지역성을 띤다.

장수에도 마한의 소국과 관련된 세력집단이 있었을 것으로 추정되고 있지만, 아직은 그 실체가 드러나지 않고 있다. 다만 천천면 남양리에서 1989년 무 구덩이를 파다가 우연히 이 시기의 유물이 다량으로 쏟아졌다. 장안산과 수분치에서 발원하여 북쪽으로 흐르는 장수천을 따라 천천면 일대에는 남북으로 긴 들판이 펼쳐져 있는데, 그 중앙에 남양리가 자리하고 있다. 여기서 세형동검細形銅劍·칼자루끝장식劍把頭式·잔무늬거울細文鏡과 같은 청동유물, 철기류, 석기류, 그리고 덧띠토기粘土帶土器·검은간토기黑色長頸壺 등의 유물이 조합상을 이루는 돌무지널무덤積石木棺墓이 조사되었다140). 유물의 조합상을 근거로141), 그 시기는 금강 수계권에서 청동기가 쇠퇴하고 철기가 등장하는 기원전 2세기 말에서 기원전 1세기 전반으로 보고 있다142). 그리고 장수읍 선창리 양선마을 남쪽 구릉

---

140) 池健吉, 1990, 앞의 논문, 5·22쪽. 尹德香, 2000, 앞의 책.

141) 최근에 전북대학교 박물관 주관으로 실시된 수습조사에서는 정연하지 않지만 천석으로 벽석을 쌓은 4기의 적석목관묘가 조사되었다. 유물은 '가' 지구에서 빗살문토기편·마연토기·연석·석제 방추차, '나' 지구에서는 점토대토기와 흑도장경호 각각 1점씩·세형동검 2점·검파두식 2점·동모 2점·동착 1점·세문경 1점 등의 청동유물, 철부 3점·철착 3점 등의 철기류, 그리고 관옥 4점이 출토되었다(윤덕향, 2000, 앞의 책.).

지대에서는 점토대토기편이 수습되어, 이 시기의 유적이 다른 지역에서도 조사될 가능성을 보여 주었다.

한편 원삼국시대는 70년대 고고학계에서 처음 제기된 시대 구분법[143]으로 서력 기원 개시 전후부터 300년경까지의 약 3세기 동안의 시기를 말한다. 그 이전에는 삼한시대三韓時代, 부족국가시대部族國家時代, 성읍국가시대城邑國家時代, 김해기金海期 등 여러 가지 이름으로 불리었다. 고고학계에서는 삼국이 고대국가 체제를 완성하는 300년까지를 삼국시대의 과도기적인 단계로 설정하고, 이

계남면 침곡리 유물산포지 지표 수습 유물

시기를 원삼국시대라는 이름으로 부르고 있다. 이 시기에는 이전 시기의 목관묘와 목곽묘, 옹관묘甕棺墓가 더욱 대형화되고, 여기에 지역성이 강한 주구묘周溝墓와 석곽묘石槨墓가 새롭게 출현한다.

장수읍 선창리와 계남면 호덕리에서도, 이 시기의 고분이 조사될 가능성을 암시해 주었다. 그리고 장계면 장계리와 계남면 침곡리·호덕리, 장수읍 두산리·송천리에서도, 이 시기의 상징적인 토기인 격자문格子文과 승석문繩蓆文이 타날된 원삼국시대 토기편이 상당량 수습되었다[144]. 이처럼 이 시기의 토기편이 여러 곳에서 수습되어, 원삼국시대에 이르러서도 장수가 계속해서 선진지역으로 발전하였을 가능성이 높다. 그런데 아쉽게도 이 시기의 유적에 대한

---

142) 池健吉, 1990, 앞의 논문, 5·22쪽. 柳哲, 1995, 〈全北地方 墓制에 대한 小考〉, ≪湖南考古學報≫ 3, 湖南考古學會, 29·74쪽.

143) 金元龍, 1986, 앞의 책, 128·130쪽.

144) 湖南社會研究會, 1998, 앞의 책.

발굴조사가 전혀 이루어지지 않아 아직은 그 성격을 살필 수가 없다.

2. 가야문화를 기반으로 발전한 토착세력집단

삼국시대와 관련된 고고학적 자료는 상당량 축적되었다. 그런데 아직은 발굴조사가 매우 미진한 단계에 머물러 있기 때문에, 그간의 지표조사나 발굴조사에서 축적된 고분과 관련된 고고학적 자료를 가지고 그 내용을 살펴 볼 수밖에 없다.

이 시기에 이르러 가장 두드러진 특징은, 고분과 관련된 유적의 입지가 바뀐다는 점이다. 좀더 구체적으로 설명한다면, 이전 시기와 달리 유적이 들판에서 구릉지대 내지 능선상으로 옮아간다[145]. 특히 백제에 정치적으로 복속되기 이전까지 가야문화를 발전하였던 토착세력집단과 관련된 석곽묘는 더욱 그렇다. 석곽묘와 관련된 유적은 대체로 들판의 복판까지 뻗어내린 지류에서 발견된다. 고분은 지류의 북쪽 기슭을 제외한 모든 지역에 입지를 두고 있는데, 일반적으로 지류의 정상부에는 양쪽 기슭보다 규모가 큰 고분이 자리하고 있다.

그간의 지표조사에서 밝혀진 바로는, 장수의 전 지역에는 석곽묘가 골고루 산재된 것으로 드러났다. 그 중 구릉지대와 들판이 넓게 펼쳐져 있거나 교통로가 통과하는 장계천, 계남천, 장수천, 구량천 유역에 더욱 밀집되어 있다. 특히 장계천 유역의 중앙에 위치한 장계면 일대에는 삼봉리를 중심으로 육십령 서쪽에 위치한 명덕리부터 계남면 호덕리까지 광범위한 지역에 석곽묘가 산재되어 있다.

---

145) 천천면 남양리에서 조사된 초기철기시대의 적석목관묘는 들판에 입지를 두고 있지만, 반면에 수혈식 석곽묘는 대체로 구릉지대나 지류에다 입지를 두고 있어, 그 위치에서 얼마간의 변화상을 읽을 수 있다는 점이다.

최근에는 장수천 유역의 장수읍 노곡리 · 동촌리 · 송천리 · 선창리, 천천면 월곡리 · 남양리 일대와 구릉지대가 발달한 산서면 봉서리 를 비롯한 일부 지역에서도 석곽묘가 조사되었다. 지금까지 석곽묘 가 발견된 유적은 장계면 삼봉리와 천천면 삼고리 고분군을 비롯하 여 대략 20여 개소에 이른다.

다른 한편으로, 장수에서 빼 놓을 수 없는 것은, 가야문화를 기반 으로 발전하였던 토착세력집단의 발전상을 한눈에 살필 수 있는 고 총高塚이 발견되었다는 점이다. 고총은 봉토의 평면형태가 호석이 나 주구 등에 의해 원형 혹은 타원형의 분명한 분묘 단위를 갖추고 있는 고분을 말한다146). 고총은 또한 성곽과 함께 국가단계의 정치 체(영역국가)의 출현을 말해주는 고고학적 근거147), 혹은 신라 및 가야가 고대국가를 형성하여 가는 과정에서 각 지역의 수장층이 조 영하였던 분묘군148)으로 알려져 있다. 그리하여 고총의 존재여부 는, 그 지역에 기반을 둔 세력집단이 어떻게 발전하였는가를 가장 진솔하게 나타내는 일종의 지표가 되고 있다. 동시에 고총의 규모 와 기수는 그 조영집단의 존속기간이나 피장자의 사회적인 위상을 반영하는 요소149)로도 해석되고 있다.

이상과 같은 의미를 담고 있는 고총은, 장계면 삼봉리에서 25기와 월강리에서 20여 기, 계남면 호덕리에서 20여 기와 화양리에서 1기,

---

146) 金龍星, 1996,〈林堂 I A · 1號墳의 性格에 對하여 · 高塚의 始原的 樣相 · 〉, ≪碩晤尹容鎭敎授停年退任紀念論叢≫, 311 · 343쪽 ; 1998, ≪新羅의 高塚과 地域集團≫, 春秋閣 참조.

147) 朴淳發, 1992,〈百濟土器의 形成過程 〉 · 漢江流域을 중심으로 · , ≪百濟研 究≫ 第23輯, 忠南大學校 百濟研究所.

148) 李熙濬, 1995,〈토기로 본 大伽耶의 圈域과 그 변천 〉, ≪加耶史研究≫ · 대 가야의 政治와 文化 · , 慶尙北道, 373쪽.

149) 林永珍, 1997,〈湖南地域 石室墳과 百濟의 關係 〉, ≪호남고고학의 제문제≫, 37 · 74쪽.

그리고 장수읍 두산리에서 40여 기와 대성리에서 2기 등 모두 100여 기가 조사되었다150). 이들 고총은 사방에서 한 눈에 볼 수 있는 돌출된 곳, 즉 지류의 정상부에 입지를 두었다. 이처럼 고총이 지류의 정상부에 입지를 둔 것은, 봉토를 산봉우리처럼 훨씬 커 보이게 함으로써 권력과 권위를 극대화하려는 의도151)로 파악되고 있다.

장수읍 두산리와 장계면 삼봉리에는 봉토의 직경이 20m 내외로 도굴 구덩이를 통해 확인된 석곽의 길이가 800cm 이상 되는 대형급 고총도 포함되어 있다. 이러한 고총의 기수 내지 봉토의 규모와 같은 외형적인 속성을 근거로 볼 때, 장수읍 두산리와 장계면 삼봉리는 가장 대표적인 고총군이다. 다른 고총군의 경우도 유적의 입지를 비롯하여 대부분의 속성이 소백산맥의 동쪽 지역에서 조사된 가야계 고총과 밀접한 관련성을 읽을 수 있다. 그런데 고총에 대한 한 차례의 발굴조사도 이루어지지 않아 고총의 성격과 그 축조시기와 관련된 것은, 그 하위계층의 고분군에서 밝혀진 고고학적 자료를 가지고 살펴 볼 수밖에 없다.

장수의 토착세력집단의 실체를 밝히는데 결정적인 실마리를 제공해 준 유적이 바로 천천면 삼고리 고분군이다. 이 유적은 1995년 군산대학교 박물관 주관으로 학술발굴 차원에서 두 차례의 발굴조사가 이루어졌다152). 당시 조사에서는 유적의 입지, 석곽의 축조방법, 장축방향, 그리고 부장유물이 가야고분과 흡사한 속성을 띠고 있는 20여 기의 가야계 석곽묘가 조사되었다. 고분은 모두 천석을 가지고 가로와 세로 쌓기 방식을 섞어서 벽석을 수직으로 쌓았는데,

---

150) 그 중에서 봉토의 직경이 20m 내외되는 것은 계남면 화양리, 장계면 삼봉리와 장수읍 두산리 고총군에서 조사되었다.

151) 金世基, 1995,〈大伽耶 墓制의 變遷〉,《伽耶史 研究》, 304쪽.

152) 郭長根・韓修英, 1997, 앞의 책.

그 길이가 200㎝ 이하의 소형부터 400㎝ 이상 되는 대형까지 다양하
다. 그 규모가 큰 석곽묘는 대체로 구릉 정상부에 자리하고 있으며,
그 주위에는 200㎝ 내외의 소형 석곽이 주곽을 감싸듯이 배치되어
있다.

　유물은 고분의 주인공이 생전에 실생활에 직접 사용하던 가야계
토기류 90여 점과 당시의 생활상을 보여 주는 철기류와 실을 뽑는
데 사용된 방추차紡錘車 등 모두 120여 점이 출토되었다. 이들 유물
은 머리와 발치 양쪽에 토기류, 철겸鐵鎌·철부鐵斧는 발치쪽, 철촉
鐵鏃·철도자鐵刀子는 석곽의 중앙에 부장되어 있었다. 그 중 절대
량을 차지하는 것은 역시 토기류이다. 주요 기종으로는 고배高杯,
개배蓋杯, 기대器臺, 장경호長頸壺, 중경호中頸壺, 단경호短頸執,
편구호扁球壺, 발형토기鉢形土器, 병형토기瓶形土器, 삼족토기三足
土器 등이 있다. 봉토가 남아있지 않을 정도로 유구가 극심하게 파
괴된 고분만을 대상으로 발굴조사가 이루어졌음에도 불구하고 기
대 이상으로 많은 유물이 출토되었다.

천천면 삼고리 다곽식
고분 발굴 후 모습. 봉토
의 중앙에 주석곽이 자
리하고 그 주변에 소형
석곽이 주석곽을 애워싸
듯이 배치되어 있다.

최근에는 계남면 호덕리와 장계면 삼봉리에서 삼고리와 흡사한 속성을 띠는 가야계 석곽묘에서 가야유물이 다량으로 출토되었다 153). 그리고 종래의 지표조사에서도 가야계 석곽묘가 발견된 유적에서 밀집파상문이 시문된 가야토기편이 상당량 수습되었다. 그간의 지표조사나 발굴조사에서 축적된 고고학적 자료를 가지고, 가야계 석곽묘를 남긴 토착세력집단의 발전과정을 추론해 보면 다음과 같다.

종래의 발굴조사에서 장수는 4세기대의 고고학적 자료가 드러나지 않아, 현재로서는 토착세력집단의 실체나 그 발전과정을 밝힐 수 없다. 다만 장수군과 인접된 진안 와정리, 임실 금성리, 남원 입암리 유적에서 얼마간의 고고학적 자료가 확보되었지만, 아직은 그 내용이 미미한 수준에 불과하다. 장수에서는 장수읍 선창리와 송천리, 계남면 침곡리, 산서면 봉서리에서 이 시기에 해당하는 유적이 조사될 개연성이 지표조사 과정에서 확인되었을 뿐이다. 아무튼 지금까지 밝혀진 바로는, 이 시기에는 토기의 양식적인 공통성이 지역성보다 더 강했던 것이 아닌가 싶다.

그런데 5세기부터는, 그 이전 시기와 달리 토기류의 기종이나 출토량이 급증하는 변화상을 나타낸다. 이 시기에 속하는 유적으로는 천천면 삼고리, 계남면 호덕리, 장계면 삼봉리 고분군 등이 있는데, 이들 유적은 대체로 6세기 초엽까지도 줄곧 고령양식으로 상징되는 가야토기가 일색을 이룬다. 그러다가 6세기 초엽을 전후한 시기부터는 삼족토기를 비롯한 백제토기가 천천면 삼고리 가야계 석곽묘에 본격적으로 부장154)되기 시작한다. 이처럼 백제토기가 가야계 석곽묘에 등장하기 시작하는 것은, 천천면 삼고리와 마찬가지로 금

---

153) 全北大學校 博物館 · 群山大學校 博物館, 2000, 앞의 책.

강 수계권에 위치한 진안 황산리와는 다소간 차이를 보인다.

진안 황산리는 5세기 말엽의 이른 시기부터 가야토기가 처음으로 등장하기 시작하지만155) 바로 백제토기와 반절씩 섞인다156). 그리고 장수 삼고리에서 늦은 시기로 편년되는 중경호, 편구호 등의 가야토기가 나타나지 않고, 삼족토기의 경우도 삼고리 출토품보다 시기가 앞서는 점에서 서로 차이를 나타낸다. 이처럼 토기류의 조합상이 동일 수계권에서 편차를 보이는 것은, 백제가 이들 지역으로 진출하는 역사적인 사실과 밀접한 관련이 있을 것으로 여겨진다. 이

진안 용담면 황산리 11호 출토 유물 모음. 동일 석곽묘에서 백제토기와 가야토기가 반절씩 섞인 상태로 출토되어 큰 관심을 끌었다.

---

154) 아직은 고고학적 자료가 충분하지 못해 단정지을 수 없지만, 천천면 삼고리에서는 삼족토기 · 병형토기 · 양이부호 · 광구장경호 등 백제토기가 6세기 초엽을 전후한 시기에 본격적으로 부장된 것이 아닌가 싶다.

155) 아마도 진안군 용담면 황산리에서 가야토기가 등장하는 것은, 백제의 내부사정과 관련이 많을 것으로 보인다. 다름 아닌 백제는 수도를 공주로 옮긴 이후 한 동안 귀족의 천권擅權 · 왕의 피살 · 귀족의 반란, 그리고 한성의 상실 · 권신의 발호 · 왕권의 실추로 인해 일련의 정치적 혼미 내지 정정불안에 빠진다. 이처럼 백제가 혼란기에 빠지면서 대외적인 영향력을 상실하게 되자, 장수에 지역적인 기반을 두고 가야문화를 기반으로 발전하였던 토착세력집단이 동서방향의 교통로를 따라 이곳으로 진출하였을 가능성이 높다.

156) 진안 용담 수몰지구내에 위치한 황산리에서는 모두 17기의 가야계 수혈식 석곽묘가 조사되었는데, 가야토기가 일색을 이루고 있는 것은 2기에 불과하며, 다른 것은 가야와 백제토기가 반절씩 섞여 있다.

남원시 아영면 월산리 M4호분 · M5호분 · M6호분 고총 전경. 동쪽 기슭 말단부에 10여 기의 고총이 분포되어 있었다.

남원시 아영면 두락리 고총군 전경. 지류의 정상부와 남쪽 또는 북쪽 기슭에 봉토의 직경이 20m 내외되는 40여 기의 가야계 고총이 밀집되어 있다.

상과 같은 사실은 고총의 분포양상이나 그 발전상을 통해서도 엿볼
수 있다.

장계면 삼봉리와 장수읍 두산리는 고총이 대체로 남북방향으로
뻗은 지류의 정상에 입지를 두고 있다. 그리고 매장주체부인 수혈
식 석곽은 길이가 800cm를 넘고157), 그 주변에서는 밀집파상문이
시문된 다양한 기종의 고령양식 토기류가 수습되었다. 그간의 지표
조사에서 밝혀진 고총의 속성은 고령高靈 지산동池山洞을 비롯하
여 가야계 고총과 밀접한 관련성을 읽을 수 있다. 다만 대형급 고총
의 기수는 30여 기로서 남원 월산리 · 두락리에 모두 40여 기가 밀
집된 남강 수계권과는 얼마간 차이를 보인다. 그러나 봉토의 규모
는 남원 두락리에서 30m 이상 되는 초대형급 고총을 제외한 다른
고총들과 비교할 때 그다지 작지 않다. 그렇다면 고총의 규모와 기
수를 가지고 추론해 볼 때, 이 곳은 백제가 육십령을 통해 금강과 남
강을 직접 연결시켜 주는 동서방향의 교통로를 따라 동쪽, 즉 가야
지역으로 진출하는 과정에서 남강 수계권보다 일찍이 백제에 정치
적으로 복속되었을 개연성이 높다. 그리고 그 시기는 일단 장수 삼
고리에서 출토된 삼족토기를 비롯한 백제토기의 본격적인 등장을
근거로 6세기 초엽으로 설정해 두고자 한다158).

위와 같은 내용을 종합해 보면, 장수 삼봉리와 두산리에 대형급
고총을 조영하였던 토착세력집단은 6세기 초엽까지도 가야문화를

---

157) 봉토가 보존된 5기의 고총 중 가장 위쪽에 있는 것은, 봉토의 평면형태가 원형
으로 그 정상부에는 5개 내외의 도굴 구덩이가 있다. 이 구덩이를 통해 확인된
바에 의하면, 고분은 내부구조가 수혈식으로 동서로 장축방향을 두고 있으며,
석곽의 길이는 800cm 이상이다.

158) 천천면 삼고리 7호에서 출토된 삼족토기는 논산 모촌리 12호분 출토품과 그
기형이나 속성이 매우 흡사하여 일단 6세기 초엽을 전후한 시기로 편년되고
있다.

기반으로 국가단계의 정치체 혹은 소국체제를 유지하며 발전하였던 것으로 보인다. 그 증거로는 삼봉리와 두산리를 중심으로 100여 기의 중대형급 고총이 밀집되어 있고, 하위계층의 분묘군인 삼고리에서 6세기 초엽까지 고령양식 토기가 일색을 이루고 있으며, 삼봉리와 바로 인접된 계남면 침곡리에는 금강 수계권에서 그 규모가 가장 큰 산성이 자리하고 있다는 점을 꼽을 수 있다.

이상과 같은 조건은 소백산맥의 동쪽 지역에서 소국이 있었을 것으로 비정되고 있는 곳에서 밝혀진 것과 궤를 같이 한다. 그러면, 그 소국이 문헌에 등장하는 어떤 소국과 관련이 있는 것인가의 문제는 삼봉리나 두산리 고총군에 대한 발굴조사를 통해 고고학적 자료가 축적될 때까지 일단 유보해 두려고 한다. 다만 그간의 지표조사에서 드러난 바로는 대규모 축성과 봉수시설을 운영하였던 것으로 알려진 국가단계의 정치체 혹은 소국과 밀접한 관련이 있었을 것으로 추론해 두고자 한다.

그렇다면 장수에 중대형급 고총이 조영될 수 있었던 원동력은 무엇인가. 그것은 역시 교통로의 조직망과 밀접한 관련성이 있을 것으로 보인다. 즉 금강 수계권에 기반을 둔 모든 세력집단이 소백산맥을 넘어 황강 혹은 남강 수계권으로 진출하기 위해서는 반드시 장수를 거쳐야 하는 교통상의 요충지라는 점이다. 다른 한편으로 철을 생산하였던 야철지(冶鐵址가 있다159)는 점도 빼 놓을 수 없다. 야철지가 언제부터 개발되었는지는 유물이 수습되지 않고, 아직 문헌기록도 없기 때문에 정확하게 파악되지 않는다. 그런데 철산개발은 어느 집단의 성장을 촉진하는데 큰 원동력이 되는 필수적인 요소의

---

159) 예컨대 장계면 대곡리 무령고개 · 명덕리 육십령, 계북면 양악리 토옥동 계곡, 계남면 신전리 등에는 야철지가 있었다는 구전과 함께 지금도 철재편이 산재되어 있다.

하나로 해석되고 있다160). 그렇
다면 장수에서 가야계 석곽묘가
토착세력집단의 주묘제로 채택
되고, 마침내 대형급 고총 단계
까지 발전하였다는 점에서, 야철
지는 가야계 석곽묘를 조영하였

던 토착세력집단에 의해 개발되었을 가능성이 제일 높다.

천천면 삼고리 7호 석곽
묘 출토 삼족토기. 배신
이 깊지 않고 드림부도
낮아 진안 와정리나 황
산리 출토품과 얼마간의
선후관계가 있을 것으로
추정된다.

3. 백제의 진출과 그 이후 장수의 발전상

장수에 지역적인 기반을 두고 발전하였던 토착세력집단이 어떤
과정을 거쳐 백제에 복속되었는지, 장수가 언제부터 백제의 영토에
편입되었는지 아직은 알 수 없다. 다만 백제가 백해(이)군과 우평현
을 설치하였다는 ≪삼국사기≫의 기록을 통해, 장수지역이 백제에
정치적으로 복속되었던 것만은 분명하다. 이 기록을 제외하면 백제
의 진출과정을 알려주는 다른 문헌기록이 없는 상황에서 현재 고고
학 분야의 자료도 충분치 않다. 더욱이 지표조사에서 축적된 자료
가 절대량을 차지하고 있으며, 발굴조사와 관련된 것은 천천면 삼고
리에서 출토된 삼족토기가 유일하다.

천천면 삼고리는 19기의 가야계 수혈식 석곽묘가 조사된 유적으
로, 남쪽 기슭 중단부에 위치한 7호에서 1점의 삼족토기가 출토되
었다161). 이 토기는 배신이 얕고 드림부가 그다지 높지 않은데, 후
대로 내려가면서 배신의 깊이가 낮아진다는 삼족토기의 편년안162)

---

160) 盧重國, 1995, 〈 大加耶의 政治·社會構造 〉, ≪加耶史研究≫ · 대가야의 政
治와 文化 · , 慶尙北道, 164 · 165쪽.
161) 郭長根 · 韓修英, 1997, 앞의 책, 29 · 31쪽.

에 대입시켜 보면, 대체로 6세기 초엽을 전후한 시기로 편년된다. 아직은 백제와 관련된 더 이상의 발굴조사 자료가 없어 단정지을 수는 없지만, 일단 가야계 수혈식 석곽묘에 백제토기가 부장된 점에 비추어 볼 때, 백제가 장수지역으로 진출한 것은, 잠정적으로 6세기 초엽을 전후한 시기로 설정해 두고자 한다. 이러한 사실은 6세기 초엽까지 고령양식 토기가 가야계 석곽묘에서 일색을 이루는 토기류의 조합상을 통해서도 입증된다.

최근 들어 지표조사에서 백제고분으로 추정되는 횡혈식 석실분이 발견되었다. 예컨대 장계면 무농리 망남마을 뒤쪽에 위치한 수락봉 남쪽 기슭에는 개석163)이 드러난 석실분과 그 주변에는 다른 석실분이 더 있었던 것으로 밝혀졌다. 그리고 장수읍 동촌리와 두산리에서도 도굴의 피해를 입어 석실의 내부가 노출된 상태로 여러 기의 석실분이 발견되었다. 특히 동촌리는 북벽 내지 벽석의 하단부가 판석형 석재를 가지고 축조되었고, 산서면 하월리는 봉동鳳東 둔산리屯山里164)·전주全州 덕진동德津洞165)처럼 단면 육각형의 구조를 띤 백제 후기의 석실분이 조사되었다. 아직은 그 축조시기나 성격이 파악되지 않았지만, 유적의 입지와 벽석의 축조방법, 석실의 평면형태 및 장축방향 등 외형적인 속성은 백제고분과 상통한다. 게다가 백제 때 행정의 치소가 설치되었던 곳에 밀집된 양상을 보여

162) 安承周, 1979, 〈百濟土器의 研究〉, ≪百濟文化≫ 第十二輯, 公州師範大學附設 百濟文化研究所, 5·54쪽.

163) 현재 석실을 덮고 있는 한 매의 개석이 지표에 노출되어 있는데, 길이 178cm, 폭 106cm로서, 그 규모가 크다는 점에서 자못 시사하는 바가 많다.

164) 全榮來, 1974, 〈鳳東, 屯山里 百濟式 石室墳〉, ≪全北遺蹟調査報告≫ 第3輯, 17·22쪽. 원광대학교 마한·백제문화연구소, 1999, 〈전주과학산업연구단지 문화유적발굴조사보고서〉, 한국토지공사.

165) 郭長根, 1990, 〈全州市 德津洞 百濟古墳 調査 報告〉, ≪全北史學≫ 第13輯, 1·31쪽.

주어 백제가 장수지역으로 진출한 역사적인 사실과 깊은 관련이 있을 것으로 추정된다.

  백제의 진출 이후부터 장수가 어떻게 발전하였는가를 현재로서는 상세하게 살필 수 없다. 얼마간 남아있는 문헌기록은 장수의 행정단위와 그 체제가 시대별로 바뀐 과정만을 소개하는 단편적인 내용에 불과하며, 고고학 분야의 자료도 발굴조사가 미진하여 아직은 충분하지 못하다. 그러므로 종래의 지표조사에서 얼마간 축적된 고고학적 자료를 토대로, 장수가 어떤 과정을 거치면서 발전하였는가를 개괄적으로 살펴보고자 한다.

  장수의 지역성과 역사성을 읽을 수 있는 성城과 봉수대烽燧臺는 20여 개소가 조사되었다. 성은 중앙에 위치한 계남면 침곡리 산성과 장수읍 합미산성, 여기에 남원시 아영면 성리 합미성과 짓재리 토성까지 포함한다면 10여 개소의 산성이 분포된 것으로 파악되었다. 장수의 외곽을 감싸고 있는 능선과 교통로가 지나는 길목에 주로 입지를 두고 있는데, 남원시와의 경계에 6개소의 성이 밀집되어 큰 관심을 끈다. 봉수대는 전 지역을 한 눈에 조망할 수 있는 천천면 월

조선시대의 봉수망

강계→목멱산
경흥→목멱산
의주→목멱산
목멱산(남산)
동래→목멱산
순천→목멱산

동 해

황 해

제주도

봉수로(직봉)
봉수로(간봉)
봉수기점

곡리를 중심으로, 모두 10여 개소 봉수대가 그물망처럼 연결되어 있다166). 조선시대 때 정비된 5개의 봉수망과 관련된 직봉直烽과 간봉間烽이 통과하지 않는 지역임에도 불구하고 봉수대가 밀집된 것은 자못 시사하는 바가 크다고 본다. 어찌보면 장수의 관방유적은 삼국시대 때 백제와 신라의 접경지라는 역사적인 사실과 함께 장수의 역사성을 대변해 줄 수 있을 것으로 기대된다.

요지와 관련된 유적도 34개소가 전 지역에서 골고루 조사되었다. 모두 5개소가 조사된

지도 5 우리나라 봉수대 조직망

토기 요지는 천천면 화양리를 제외하면, 고려시대 토기와 관련된 것이 대다수를 차지한다. 더욱이 고려 때 양악소가 설치되었던 계북면 일대에 고려시대 토기를 생산하였던 요지가 밀집되어 관심을 끈다. 아직까지 청자 혹은 분청사기와 관련된 도요지는 발견되지 않고 34개소의 백자 도요지만 조사되었다. 아직까지 유구가 발견되지 않은 야철지는 장수에 지역적인 기반을 두고 발전하였던 토착세력집단이 발전하는데 큰 원동력을 제공해 주었을 것으로 추정된다. 앞으로 요지는 당시의 생활상을 연구하는데 값진 고고학적 자료를 제공

166) 비록 행정 구역상으로는 무주군에 속해 있지만, 지형상으로 동일 지역권을 이루고 있는 무주군 안성면 지역까지도 여기에 포함시켜 살펴보았다.

해 줄 것으로 큰 기대를 모으고 있다.

　관아지는 삼국시대부터 행정의 치소가 설치되었던 곳에서 주로 조사되었다. 비록 유구가 발견된 곳이 그다지 많지 않지만 관아지와 관련된 구전은 생생하게 전한다. 예컨대 고려 때 양악소·이방소·천잠소·복흥소 등이 설치된 것으로 비정되는 곳에는 지금도 원님터, 감옥터, 시장터 등의 지명이 남아있다. 특히 장수에서도 험준한 산악지대에 위치하고 있는 천천면 와룡리 하리마을에는 구전으로 '원님터'라고 불리는 곳이 있다. 그곳은 와룡리 일대에 설치된 것으로 추정되고 있는 천잠소와 관련된 관아지가 아닌가 싶다.

　사지와 관련된 건물지도 적지 않게 조사되었다. 장계면 삼봉리와 산서면 원흥리 사지를 제외하면 모두 산기슭이나 골짜기에 입지를 두고 있어, 그 보존상태는 비교적 양호하다. 삼봉리 사지는 평지에 위치하여 유적이 심하게 훼손되었지만, 사지의 규모가 방대하고 탑재석의 조각기법이 뛰어난 점에서 큰 관심을 끈다. 여기서 수습된 유물이나 석탑의 양식으로 볼 때, 그 창건 연대가 고려 초까지 올라갈 가능성이 있다. 그렇기 때문에 그 창건 연대와 함께 장수에서 찬란히 꽃피웠던 불교문화의 우수성을 널리 알리기 위한 차원에서 조속한 발굴조사가 요망된다. 다른 한편으로 법화산, 백화산, 팔공산, 장안산 등 불교와 관련이 깊은 산 이름이 많이 있는 점도 큰 흥미를 끈다.

　장수의 역사와 문화를 복원하는데 빼 놓을 수 없는 유적으로는 유물산포지가 있다. 유물산포지는 대체로 들판과 구릉지대에 입지를 두고 있으면서 다양한 유물이 수습된 생활유적이 대다수를 차지하고 있다. 그리고 그 시기적인 선후관계도 매우 광범위하여 선사시대부터 역사시대까지 장수의 역사와 문화를 복원하는데 풍부한 고고학적 자료를 제공해 줄 것으로 점처진다. 그런데 아쉽게도 발굴조사가 이루어지지 않고 개발이라는 그럴듯한 명분에 밀려 지금도 많은 유적이 유실 내지 훼손되고 있다.

지금까지 살펴보았듯이, 장수에는 선사시대부터 역사시대까지 다양한 문화유적이 들판이나 구릉지대, 교통로가 통과하는 지역에 밀집된 것으로 밝혀졌다. 특히 고총과 석곽묘, 석실분은 백제 때 백이(백해)군이나 우평현이 설치된 장계면·천천면·장수읍, 거사물현이 있었던 산서면 일원에서 집중적으로 조사되었다. 여태까지 장수에 지역적인 기반을 두고 발전하였던 토착세력집단은 마한 이래로 백제 문화권에 속한 것으로 인식되었다. 그런데 장수 삼고리·삼봉리·호덕리 고분군에 대한 발굴조사를 통해, 그 토착세력집단은 6세기 초엽까지도 가야문화를 기반으로 국가형태의 정치체를 유지하면서 발전하였을 가능성이 높은 것으로 드러났다. 그리고 백제에 정치적으로 복속된 이후에도, 그 이전 시기의 발전속도를 멈추지 않고 지속적인 발전과정을 거치면서 오늘에 이르고 있는 것이다.

제 6 장 나오는 글

제 6 장
나오는 글

  이상으로, 이 글에서는 장수에 분포된 고고분야 유적을 중심으로 장수의 역사와 문화에 대해 살펴보았다. 다시 말하면, 장수로만 공간적인 범위를 한정하여 선사시대부터 역사시대까지 장수에 지역적인 기반을 두고 발전하였던 토착세력집단이 어떻게 발전하였는가를 검토하였다. 이를 위해, 지금까지 잘 소개되지 않았던 생활유적 · 매장유적 · 관방유적 등에 큰 비중을 두었으며, 미술사 · 고건축 · 민속분야 등도 상당량의 자료가 축적되어 있지만, 그것과 관련된 내용은 실지 않았다. 그 동안 사람이 들어갈 수 없을 정도로 잡목과 잡초가 우거져 문화유적을 찾는 일이 쉽지 않았지만, 하나의 문화유적이라도 찾아서 알리기 위해 많은 사람들의 노력이 끊이질 않았다. 그러면 장수에 분포된 문화유적의 보존실태와 향후 활용방안을 소개하는 것으로 나오는 글을 대신하고자 한다.

  장수지역의 문화유적에 대한 보존실태와 관리상태는 매우 열악한 실정이다. 그간의 지표조사나 발굴조사에서는 장수가 산악지대에 위치하고 있음에도 불구하고, 지석묘를 비롯하여 선사시대의 유적이 밀집된 곳이라는 사실이 밝혀졌다. 지석묘는 90년대 초까지만 해도 하천을 따라 넓게 펼쳐진 들판과 그 주변의 구릉지대에 70

90년대 산서면 일원에서
지석묘에 대한 발굴조사
를 실시하지 않고 농지
정리사업만을 강행하여
지석묘의 상석이 한곳에
흉물스럽게 쌓여있다

여 기 이상이 분포된 것으로 파악되었다. 그러나 지금은 원상대로
보존된 것이 고작 10여 기에 불과하며, 다른 것은 그 흔적조차 찾을
수 없다. 그 동안 60여 기의 지석묘는 한 차례의 고고학적 발굴조사
가 이루어지지 않은 상황에서 개발이라는 그럴듯한 명분에 밀려 모
두 없어졌다.

우리 나라에서 1964년부터 시작된 경지정리사업은, 밭을 논으로
바꾸거나 여러 개의 논을 하나로 합치는 토지개량사업으로, 해마
다 전국적으로 공사가 활발하게 진행되고 있다. 그런데 경지정리
사업을 실시할 때는, 문화재 업무를 다루는 관련 부서와 업무협의
를 거쳐 추진하는 것이 원칙인데도 불구하고 무시되었던 것이 현실
이다. 물론 장수의 경우도 예외는 아니다. 장수에서 경지정리사업
과 관련된 업무를 협의를 할 때, 문화재에 대한 약간의 관심만이라
도 기울였다면, 이들 지석묘가 파괴되는 것은 분명히 막을 수 있었
을 것이다.

지석묘가 매장문화재로 그 가치를 인정받지 못하고 있는 것은 여기서 끝나지 않았다. 몇 년 전 장계면 삼봉리 일대에서 경지정리사업을 추진하면서 지석묘에 대한 최소한의 보존대책을 세우지 않고 공사만을 강행하다가 학계로부터 강한 비난을 받았다. 다름 아닌 70년대 북방식 지석묘로 학계에 보고된 삼봉리 지석묘가 엄연히 있었는데도 불구하고, 그 지석묘에 대한 발굴조사나 보존대책을 세우지 않고 그저 경지정리사업만을 강행하였다. 그리하여 지금은 지석묘로서 본래의 위용과 모습을 상실한 채 그저 볼썽 사나운 흉물로 남아 붕괴 위험마저 도사리고 있다.

　이상과 같이 경지정리사업으로 인해 파괴되는 문화유적이 지석묘로만 그치지 않는다. 단지 지석묘가 주된 파괴의 대상으로 널리 알려진 것은, 큰 돌덩이가 지표에 남아있어, 그 존재를 누구든지 손쉽게 인지할 수 있기 때문이다. 오히려 지석묘가 있었던 곳에는, 청동기시대 이후에도 고분이 지속적으로 축조되었다든지, 아니면 집자리·가마터 등 생활유적이 자리하고 있을 가능성이 높다. 그런데 이들 유적은 땅 속에 숨겨져 있기 때문에 발굴조사 과정을 거치지 않고서는, 그 존재여부를 파악하기가 불가능한 상황이다. 따라서 경지정리사업을 비롯하여 땅을 파내는 공사를 실시할 경우에는, 반드시 다양한 매장문화재가 있을 거라는 개연성을 명심하고 학술조사가 꼭 추진되어야 할 것이다.

　그러한 교훈과 경각심을 우리에게 심어준 곳이 바로 천천면 남양리 유적이다. 이 유적은 1989년 밭 주인이 수확한 무를 밭에 저장하기 위해 구덩이를 파다가 다량의 유물이 우연히 발견되어 큰 주목을 받았다. 그런데 1997년 학술조사를 실시하지 않고, 여기서 경지정리사업을 강행하다가 급기야 공사가 중단되는 일이 생겼다. 전북대학교 박물관에서는, 우여곡절 끝에 긴급 수습조사를 벌여, 2천여 년 전 지배자의 고분에서 청동거울을 비롯하여 귀중한 유물을 수습하는 의외의 성과를 거두었다. 어찌 보면 초기철기시대 지배자의 고분이 정식 발굴조사를 통해, 그 성격이 밝혀진 것은, 우리 나라에서 천천면 남양리 유적이 처음이다. 그리하여 혹자는 "고분을 원상대로 보존하고 여기서 출토된 모든 유물을 전시할 수 있는 박물관을 건립해야 한다'" 는 주장도 제기하였다.

삼국시대와 그 이후의 유적들도 관리의 손길이 미치지 않기는 마찬가지다. 장수에는 백제에 정치적으로 복속되기 이전까지 가야문화를 토대로 찬란한 고대문화를 꽃피웠던, 이곳의 토착세력집단과 관련된 유적이 밀집되어 있다. 이들 문화유적은, 그 성격에 따라 얼마간 위치를 달리하고 있는데, 생활유적은 들판과 구릉지대, 분묘유적은 지형이 완만한 기슭에 입지를 두었다. 특히 지배자의 고분으로 추정되는 고총은, 들판의 복판까지 쭉 뻗어내려 사방에서 한눈에 보이는 지류의 정상부에만 자리하고 있다.

안타깝게도, 이들 분묘유적은 일제 강점기부터 시작된 도굴로 일차 파괴되었고, 그 이후에도 벽석의 반출과 경작활동, 민묘구역의 조성 등으로 재차 훼손되었다. 그러한 파괴 과정을 우리에게 보여 준 대표적인 곳이 장수읍 노하리와 장계면 월강리 고분군이다. 전자는 가야계 고분군으로 80년대까지 계속된 도굴로 파괴되었고, 몇 년 전에는 그 일대를 논으로 개간하면서 유적의 흔적조차 남기지 않고 통째로 없애 버렸다. 후자는 중장비로 민묘구역을 만들면서 유적을 파헤쳐 벽석과 유물이 섞인 상태로 나뒹굴었다. 고총의 경우도 예외는 아니다. 장계면 삼봉리에서는 최근 민묘를 조성하면서 중장비로 봉토를 파내어 고총이 민묘구역으로 바뀌었다. 이렇듯 대부분의 분묘유적은 자연적 혹은 인위적인 요인으로 지금도 심하게 훼손되고 있기 때문에, 그 보존방안이 조속히 마련되어야 할 것이다.

다른 한편으로 향후 이들 문화유적의 활용방안에 대해 살펴보고
자 한다. 먼저 문화유적에 담긴 의미와 가치를 홍보하여 군민들에
게 문화유적의 보존이 얼마나 중요한가를 알리는 노력이 필요하다.
그런 다음 문화유적에 대한 철저한 학술조사와 활용방안을 마련한
다음, 그 이후에도 문화유적의 가치와 이미지를 한층 높이기 위한
연구가 지속적으로 이루어져야 한다. 아울러 학술조사에서 드러난
자료를 바탕으로 유적지에 대한 정비복원사업을 펼쳐, 이를 관광자
원으로 활용하려는 구체적인 방안이 모색되어야 할 것이다. 그리고
관광객을 많이 유치하여 보다 많은 관광 수입을 올리기 위해서는,
주변에 위치한 유적지나 관광지를 하나로 묶는 연계 관광권으로 개
발이 추진되어야 할 것으로 보인다.

　이상의 내용을 충족시킬 수 있는 문화유적으로는, 역시 고총이
발견된 장수읍 두산리와 계남면 화양리, 장계면 삼봉리·월강리, 계
남면 호덕리가 대표적이다. 그 중에서 장수읍 두산리는 40여 기에
달하는 고총의 기수, 유적의 규모와 역사성, 봉토의 보존상태, 관광
객의 용이한 접근성, 그리고 의암사와의 연계 관광권으로 개발할 수
있는 뛰어난 입지 등 여러 가지 측면에서, 이를 극대화시킬 수 있는
곳이라 여겨진다.

　지금까지 살펴본 바와 같이 장수지역은 문화유적이 없을 거라는
부정적인 인식이 팽배하여 문화유적에 대한 보존 대책이 미흡하였
음은 부정할 수가 없는 일이다. 그러나 그간의 지표조사를 통해, 장
수지역이 '문화유적의 보고'라 할 만큼 다양한 문화유적이 자리하
고 있다는 사실이 밝혀짐에 따라, 이를 연구 보존하려는 개인이나
단체가 늘고 있다. 다름아닌 경작 중에 우연히 출토된 유물을 국가
에 매장문화재로 신고하는 군민이 있는가 하면, 틈나는대로 유적지
를 직접 답사하고 그 중요성을 교육하고 있는 선생님과 향토 사학자

들이 많다.

　더욱이 장수문화원에서는 산 속에 묻혀 있는 문화유적들을 찾고 널리 알리는데 왕성한 활동을 펼치고 있으며, 장수군과 장수군의회에서도 문화유적의 역사성을 깊이 인식하고 그 보존 관리에 심혈을 기울이고 있다. 이와같은 상황이므로, 장수에 산재된 문화유적은 더 이상　훼손될 위험성에서 벗어나 우리 선조들의　숨결을 전해주는 값진 문화유산으로써　자리매김될 수 있을 것으로 여겨진다. 그리고 이같은 군민들의 노력과 인식전환이야말로 역사가 일천한 곳으로 인식되어진 장수의 역사와 문화를 널리 알리는데 굳건한 밑거름이 될 것으로 기대된다. 또한 장수 군민으로서의 강한 자긍심과 애향심을 키울 수 있는 구심점으로, 이들 문화유적이 크게 기여할 수 있을 것으로 믿어 의심치 않는다.

고고학으로 이해하는 장수의 역사와 문화

초판 인쇄일   2001년 10월 12일
초판 발행일   2001년 10월 20일
발행인   김선경
지은이   곽장균
발행처   **서 경 문 화 사**

주   소   서울특별시 종로구 동숭동 199-15(105호)
대표전화   743-8203
팩   스   743-8210
E-mail   sk8203@chollian.net
등록번호   1-1664호

값   10,000원
ISBN 89-86931-39-7